# 出口先生の頭がよくなる漢字3

頭のいい子を育てる論理のカリスマ

漢字で言葉のトレーニング

出口 汪(ひろし)

水王舎

# 保護者の皆さんへ

## ●漢字は言葉として覚える

この本は今までに例がない、画期的な漢字の本です。

今までの漢字の勉強法の多くは、暗記という単純な作業をさせるだけのものでした。だから子どもたちは何も考えなくなり、かえって漢字が覚えにくくなっていたのです。

この本は漢字を単に覚えるのではなく、言葉として使えるようにするための本です。漢字を自在に使うためには、漢字の意味を知り、文章の中でその漢字がどんな言葉として働いているのかを知る必要があります。

保護者の皆さんも、ぜひお子さんと一緒にこの本の問題に取り組んでみてください。今までと違った頭の使い方に、新鮮な驚きを覚えることでしょう。

小学生の頃から、このような漢字の使い方をトレーニングすることで、自分の頭で考え、自分の言葉で表現できる子どもに育つのです。

## ●小学生は言葉で脳が変わるとき

人間は、言葉によって脳に情報を蓄積しています。赤ちゃんの脳はまだ白紙の状態ですから、最初は主に母親の言葉によって情報が書き記されます。

やがて、子どもが幼稚園に入る頃には、新たに母親以外の言葉による情報が脳に加わっていきます。ただし、この頃はまだ自分が理解できる身近な情報しか加わりません。小学校に入学すると、教科書や先生の授業など、日常生活以外の言葉の情報も加わります。それは、"漢字を使った言葉の世界"なのです。

そんな大切な漢字なのに、ただ覚えればいいといった言葉の与え方をしてこなかったでしょうか？

● 子どもたちに与えたい6つの力

① 一つ一つの漢字の意味を理解する力。
② 文の中での漢字の使い方を理解する力。
③ 漢字の意味を考えてふさわしい言葉を選ぶ力。
④ 一つの漢字からさまざまな言葉を連想する力。
⑤ 正確に言葉をつなげて文を作る力。
⑥ 一文を正確に読み取る力。

どうでしょう？
こんな漢字の本が今まであったでしょうか？

子どもたちは生涯にわたって日本語でものを考え続けるのです。そして、その中心となるのは漢字を使った言葉です。だからこそ、小学生の時期にどのような漢字の使い方をしたかが、その子どもの将来に大きな影響を与えます。

しかし、その教育の選択は子どもたちにはできません。今こそ、子どもたちの親は正しい選択をする深い智恵と、決断力が必要とされるのです。

出口 汪

# この本の使い方

## 章立てについて

ほとんどの漢字は、他の漢字とくっついて熟語となり、名詞になったり、動詞になったりします。

ただし漢字には中心になる意味、イメージがあります。

そこで、この本では覚えやすいように、それぞれの漢字の中心になる意味、イメージから「名詞」「動詞」「形容詞とその他」の三つに分けました。

● **第1章 名詞の意味を持つ漢字**

文の中の要点となる言葉が、主語と述語、そして目的語です。

名詞は「空」「花」「心」「話」というようにものの名前を表すと同時に、主語や目的語となる言葉なのです。さらに、「〜だ」「〜する」がついたら、「安心だ」「会話する」というように述語にもなります。

そうした大切な漢字ですから、一つ一つの意味をしっかりとつかみましょう。

● **第2章 動詞の意味を持つ漢字**

文の中のもっとも大切な要点が述語です。

動詞は動作を表すと同時に、述語となる言葉なのです。

どのような動作を表しているのか、イメージできるようにしましょう。

## 第3章 形容詞と その他の意味を持つ漢字

形容詞はものの様子や状態を表す言葉で、動詞と同じように述語となります。さらには「美しい―人」「速く―走る」というように、言葉を説明する働きもあります。

このように三つに分けて学習することにより、一つ一つの漢字の意味や使い方が分かりやすくなるのです。

また、章の中は、漢字のイメージをつかみやすいように「人間の体に関わる名詞」「食べ物に関わる名詞」「仕事や勉強に関わる名詞」などのようにグループ分けをしました。

### STEPについて

さらに、この本は章の中のグループごとに三つのSTEPに分かれています。学習するときには、ただなんとなく問題を解くのではなく、STEP1→2→3の流れをしっかりと頭に置いてください。では、そのSTEPの学習の流れを説明します。

### STEP1

漢字の読み・書きだけでなく、意味をしっかりとつかむページです。

**漢字をなぞりましょう。**
有

**読み**
ユウ
＊ウ
あーる

読みを覚えましょう。カタカナは「音読み」、ひらがなは「訓読み」です。
＊は小学校では学習しない読みです。

**意味**
①ある
②持つ

意味を確認しましょう。①はこの漢字の中心になる意味です。②の意味はSTEP2やSTEP3で主に熟語として登場します。

**例文**
君には絵の才能が □ あ る。

ていねいに漢字を書きこみましょう。例文は①の意味でできています。どのように文の中で使われるのかを確認しましょう。

## STEP 2

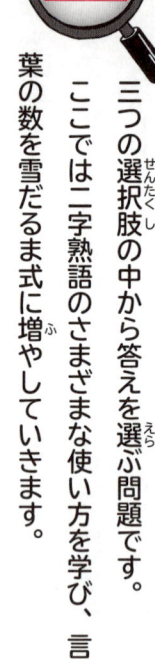

三つの選択肢の中から答えを選ぶ問題です。
ここでは二字熟語のさまざまな使い方を学び、言葉の数を雪だるま式に増やしていきます。

言葉は、必ず他の言葉とのつながりで使われるものです。
そこで、空所に入る言葉は、必ず他の言葉との関係から考えていきましょう。
しだいに前後から言葉の意味を読み取る力がきたえられていきます。

- まず、STEP1の意味の①②を頭に置いてください。その意味が二字熟語ではどのように使われているかを意識します。
- 次に、各選択肢の意味のちがいを考え、もっとも適切なものを選びます。

次の例を見てください。

> 例
> 学芸会には君の力が（　）だ。
>
> テキセツ　タイセツ　ヒツヨウ

「タイセツ」と「ヒツヨウ」で迷ったかもしれません。もちろん、どちらもまちがいとは言えません。でも、「これでも当てはまるんじゃない？」といった考え方ではなく、文脈上どちらがより適切なのかを考えることで、**文脈に合った漢字の使い方を身につけることができる**のです。

では、この場合、どちらが文脈上より適切なのか？
STEP1の漢字の意味を覚えるところでは、「要」は、「中心となる大切なところ」と学習します。「ヒツヨウ」は、学芸会では、「必（＝必ず）要（＝中心となる）」となって、なくてはならないものという意味になります。「タイセツ」は、君の力は大事だけれど、別に他の人でもかまわないという意味です。
もちろん、「ヒツヨウ」の方がより適切だと言えるでしょう。そして、最後に漢字が書けるかどうか、ていねいに「必要」と漢字で答えを書いてください。

## STEP 3

あたえられた言葉を並べかえて、一文を作成するトレーニングです。

なぜ、言葉を並べかえて一文を作成するトレーニングが必

要なのでしょうか？

一文は、すべて「言葉のきまり」によって成り立っています。その言葉のきまりを意識することで、**正確な一文を書くことができるようになります。**

きまりにしたがって言葉をあつかうようにすると、それが論理的に読む力や考える力、書く力をきたえることになるのです。

また、一文を正確に書くことができるようになると、次にその一文が集まった文章を書くことができるようになります。

漢字や言葉を自在に使えるようにするには、このような「言葉のきまり」の中でトレーニングすることがもっとも効果的なのです。

一字の漢字（STEP1）→二字の熟語（STEP2）→一文（STEP3）、こういった学習の流れによって、小学生のうちからしっかりとした国語力を身につけていきましょう。

---

## 保護者、指導者の皆さんへ

STEP3は、ばらばらになった言葉を組み立てる問題で、基本的には文節や単語に分かれていますが、それ以外の分け方をしているものもあります。

たとえば「消極的だ」は形容動詞で本来は一語ですが、「消極－的だ」と分解することにより、子どもたちに「消極的」という言葉を発見させる意図があります。

また、「勉強している」を「勉強し－て－いる」と分けずに「勉強し－ている」とすることで、それぞれの語の意味をつかみやすくしている問題もあります。

さらに、述語は一文の要点と考えているので、一文節だけでは意味が分かりにくい場合は、複数文節で述語としています。

このように細かな文法事項にこだわるのではなく、**漢字や言葉を使って思考力や発想力を鍛えるためのさまざまな工夫をしています。**

# 漢字の勉強のしかたって？

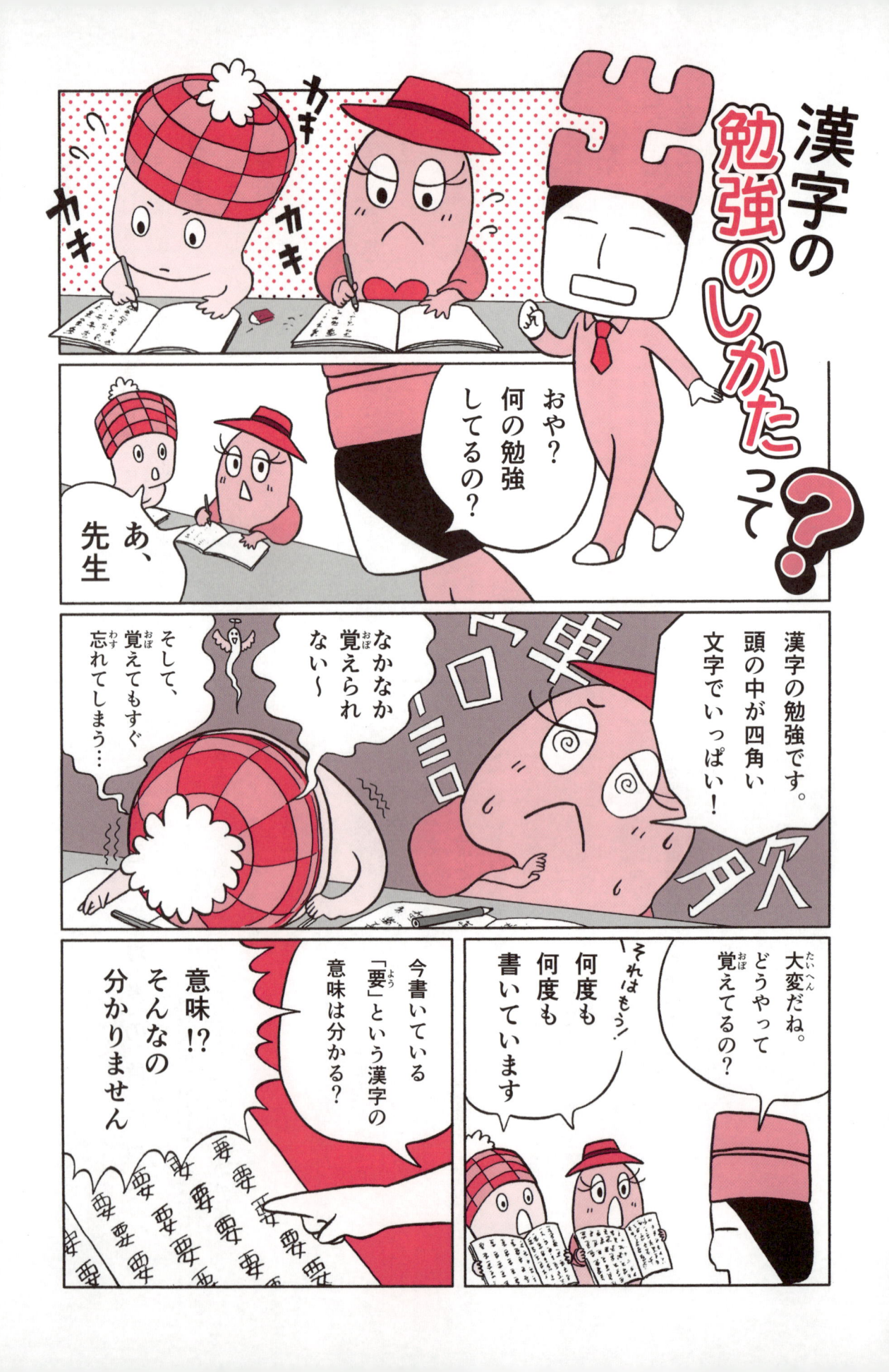

カキカキ

あ、先生

おや？何の勉強してるの？

漢字の勉強です。頭の中が四角い文字でいっぱい！

なかなか覚えられない〜

そして、覚えてもすぐ忘れてしまう…

大変だね。どうやって覚えてるの？

それはもう！何度も何度も書いています

今書いている「要」という漢字の意味は分かる？

意味!?そんなの分かりません

「要」は「かなめ」と読むんだよ。「もっとも中心となる大切なもの」という意味なんだ!

「君はチームの要だ」というように使うね

分かった!チームの中心選手ってことだね

そうだね。でも、実際には、漢字は二字熟語で用いられることがほとんどなんだ

たとえば、「必要」

えーと、「必ず」+「要」は、もっとも大切っていう意味ね!

正解!では、「要約」は?

文章の中心となるところを約すること……

あれ?「約」って、どういう意味だっけ?

「約」は、短く縮めることだよ

そっか!

「要約」の意味も分かったね
わーい
「約」の意味も覚えたよ♪
そうやって言葉の知識は増えていくし、
理解するからその言葉を使えるようになるんだよ
しかも使っているうちに忘れなくなる
覚えたことを忘れないためには、どんどん使っていくことが必要ってわけね
エッヘン
要約すると、覚えたら使えってことだね！
たくさん書くことだけが漢字の勉強のしかただと思っていたけど……
たくさん書いて覚えてもすぐ忘れちゃうのは、意味を分かっていなかったからなんだね
さらに、一つ一つの漢字には、文の中での使い方があるんだよ
たとえば、この4つの言葉を並べかえて文を作ってごらん
必要だ
チームに
私の
君は

えーと「必要」の意味は分かったから……

それなら、だれが「必要」?

「私の」→「必要」だと、言葉がつながらないから……

……

あ!

分かった!「君は必要だ」!

じゃあ、何に必要だと思う?

「チームに」です!

そう!

だったら、「チームに」→「必要」と言葉がつながるよね

その「チーム」って、「私のチーム」ね

ふふふ♡

ってことは、

答えは、「君は私のチームに必要だ」ですね!

正解!

なんだかおもしろーい♪

言葉の使い方を考えると、頭の使い方が変わる気がするなぁ

そのとおり!考える力もついてくるし、どんどん頭がよくなるよ

すごい!先生、漢字の使い方、もっと教えてください!

さあ、はじめましょう!

# もくじ

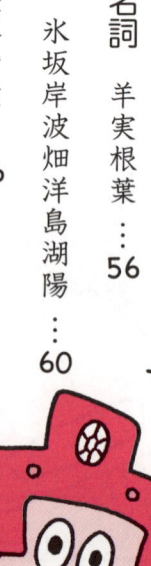

## 第1章 名詞(めいし)の意味を持つ漢字

最重要(さいじゅうよう)漢字 世具物命神真病意緑 …16

重要漢字 由事表面旅章漢詩様題 …24

人間の体に関(かか)わる名詞 皮血身指息歯鼻 …33

仕事や勉強に関わる名詞 医局係業 …40

身の回りにある物を表す名詞① 皿板服油炭品荷球 …43

身の回りにある物を表す名詞② 帳笛湯筆鉄銀箱薬 …49

食べ物に関わる名詞 豆味酒 …55

動物や植物を表す名詞 羊実根葉 …56

自然(しぜん)に関わる名詞 氷坂岸波畑洋島湖陽 …60

空間を表す名詞 央界階横 …66

場所を表す名詞 丁区州所都港路橋 …69

建物(たてもの)を表す名詞 屋柱院宮庫庭宿駅館 …75

人に関わる名詞 主君役者客員族童 …81

気持ちを表す名詞 礼幸福 …87

考え方を表す名詞 他次 …88

単位(たんい)や数に関わる名詞 両列度級倍部 …92

時間に関わる名詞 昔秒期 …97

行事を表す名詞 式祭 …98

## 第2章 動詞の意味を持つ漢字

最重要漢字 化対返発動勝感 …104

重要漢字 写死有住育使始負終遊 …112

動作を表す動詞① 去曲向泳持起飲開 …118

動作を表す動詞② 号申取拾乗消進集 …124

動作を表す動詞③ 打代送待着談整 …131

動作を表す動詞④ 投注放追配転登 …136

気持ちを表す動詞 守決助委受定急問想 …141

仕事や勉強に関わる動詞 仕勉習商運植農練調 …147

状態を表す動詞 流落 …153

意志のある行動を表す動詞 反究研 …154

## 第3章 形容詞とその他の意味を持つ漢字

形容詞になる漢字① 安苦重美速悪深温 …158

形容詞になる漢字② 寒軽暑短等悲暗 …165

形容動詞になる漢字 平和昭 …170

その他の漢字 予全相第 …171

巻末テストがついてるよ！
★2年生のおさらい①・②
★3年生のおさらい①〜④

# 第 1 章

## 名詞の意味を持つ漢字

## 最重要漢字（さいじゅうよう）

世具物命神
真病意緑

### STEP 1

漢字の意味を覚えましょう。

名詞の意味を持つもっとも大切な漢字なので、さまざまな場面で使われます。どんなものを表しているかを考えましょう。

---

**世**

- 読み：セイ／よ
- 意味：①よの中
- 例文：ぼくの父は□よに知られる音楽家だ。

**具**

- 読み：グ
- 意味：①どうぐ
- 例文：絵をかくための道□グをそろえる。

**物**

- 読み：ブツ／モツ／もの
- 意味：①もの
- 例文：好きな食べ□ものはカレーライスです。

**命**

- 読み：メイ／＊ミョウ／いのち
- 意味：①いのち
- 例文：小さな虫にも□いのちがある。

第1章　最重要漢字

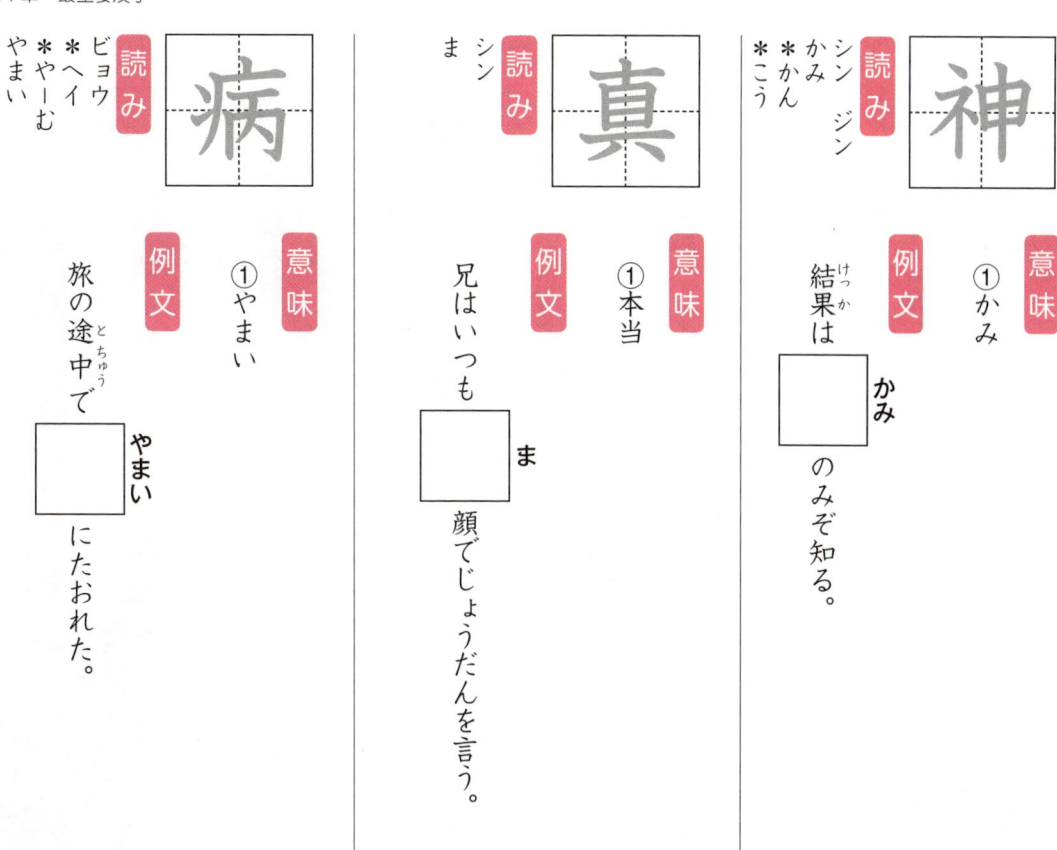

## 神

**読み**
① かみ
　かん
*こう
シン　ジン

**意味**
① かみ

**例文**
結果は□（かみ）のみぞ知る。

## 真

**読み**
シン
ま

**意味**
① 本当

**例文**
兄はいつも□（ま）顔でじょうだんを言う。

## 病

**読み**
ビョウ
*ヘイ
*や―む
やまい

**意味**
① やまい

**例文**
旅の途中で□（やまい）にたおれた。

## 意

**読み**
イ

**意味**
① 考え
② 心

**例文**
自分の□（イ）見をはっきり伝える。

## 緑

**読み**
リョク
*ロク
みどり

**意味**
① みどり

**例文**
木々の□（みどり）が目にまぶしい。

## STEP 2 文に合った熟語を選びましょう。

問 適切な熟語を選び、カタカナを漢字に直しなさい。

① 幸運の（　）が来てくれた。
テガミ　メガミ　カガミ

② 君は（　）っぱりだね。
イキ　イシ　イジ

③ （　）をこめて料理を作った。
マゴコロ　キゴコロ　テゴコロ

④ 五月になって、（　）がまぶしい。
シンゲツ　リョクチ　シンリョク

⑤ 投げた石が的に（　）した。
メイゲン　メイワク　メイチュウ

⑥ 私は（　）がつくころからこの家に住んでいる。
キゴコロ　デキゴコロ　モノゴコロ

⑦ 彼女は（　）で学校を休んだ。
キュウカン　キュウビョウ　キュウキュウ

⑧ 将来（　）一周するのが夢だ。
セダイ　セカイ　カイガイ

⑨ 引っこしして、（　）を運んだ。
カジ　ドウグ　カグ

一番ぴったりなものを選ぶんだよ。

## STEP 3　日本語にはきまりがある。

日本語にはきまりがあるよ。そのきまりをしっかり頭に置いて、文を作っていこう。日本語をきまりにしたがって論理的に使うことで、論理的に考える力がついてくるよ。漢字も日本語なのだから、ただ形を覚えるのではなく、意味を理解して、文の中で言葉として使えるようにしよう。

### 【文節に分かれた問題】

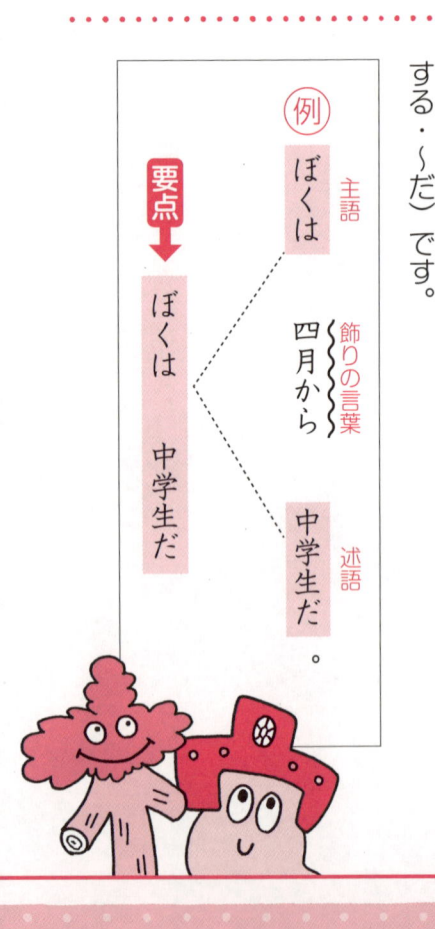

第1章のSTEP3は、文節を並べかえる問題です。文節とは、意味が分かる長さで区切られた言葉のことです。

例　あの　大きな　建物は　学校です。

この文を文節に分けると、次のようになります。

あの　大きな　建物は　学校です。

ちなみに、文節よりも小さい単語で分けると次のようになります。

あの　大きな　建物　は　学校　です。

### 【一文の要点は主語と述語】

では、日本語の最初のきまりです。一つの文の中にも、大切な言葉（要点）とそれを説明する飾りの言葉とがあります。それを意識することから始めましょう。

もっとも大切な言葉は、**主語**（だれが・何が）と**述語**（〜する・〜だ）です。

例

　ぼくは　〈主語〉

　四月から　〈飾りの言葉〉

　中学生だ。　〈述語〉

要点　→　ぼくは　中学生だ

20

第1章　最重要漢字

日本語には、もう一つきまりがあります。それは、最初に述語を探し、次にその述語に合う主語を考えるということです。なぜなら、日本語は主語が省略されることが多いからです。

例）
昨日　友達と　遊んだ。
ぼくは
省略しても意味は分かるね。

主語が省略されているときは、目的語と述語が一文の要点になります。

例）
新しい　本を　三冊　買った。
要点
本を　買った
目的語　述語

【目的語も要点になる】

大切な言葉（要点）には、もう一つ目的語があります。主語、述語だけでは一文の要点として不十分なときに付け足すのが目的語です。

例）
ぼくは　食べた
主語　述語

何を食べたんだろう？

例）
ぼくは　カレーを　食べた
主語　目的語　述語

何を食べたかは大切な言葉なんだね。

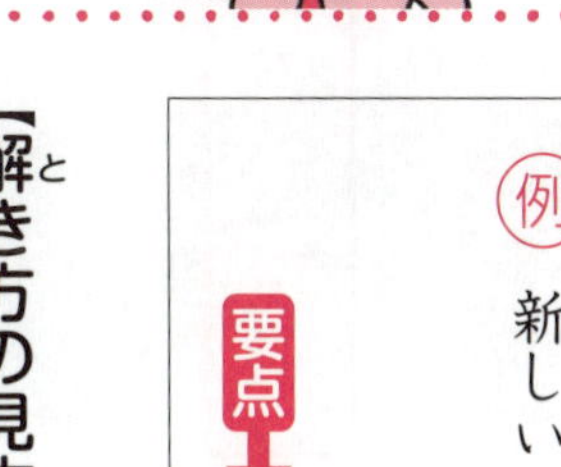

【解き方の見本】

例）
美しい　さいた　ニワに　花が　たくさん

① まずは述語を探します。
② 次に、述語に合う主語、または目的語を探します。
③ 残った言葉は、飾りの言葉です。どの言葉を飾っているのか、言葉のつながりを考えながら、空所に言葉を入れていきます。
④ カタカナで書いてある言葉は、漢字に直します。

庭に　美しい　花が　たくさん　さいた。
　　　　　　　主語　　　　　述語

問　次の語句を並べかえて、一文を作りなさい。また、線の付いているカタカナは、漢字に直しなさい。

① ビョウキが　母の　回復した　私の

［主語］［主語］［述語］。

② 係に　ぼくは　セワ　なった　うさぎの

［主語］［主語］［述語］。

③ シンワが　兄は　ギリシャ　好きだ

［主語］［　］［　］［述語］。

第1章　最重要漢字

④ おなかの 悪い **グアイ**が 朝から 〔主語〕 〔述語〕。

⑤ 打ち明けた とうとう 私(わたし)は **シンジツ**を 〔主語〕 〔目的語〕 〔述語〕。

⑥ 分からない **ウンメイ**は 人の だれにも 〔主語〕 〔述語〕。

⑦ **ニモツ**が 歩けない もう 重たくて 〔述語〕。

## 重要漢字(じゅうよう)

由 事 表 面 旅
章 漢 詩 様 題

### STEP 1

漢字の意味を覚えましょう。

最重要に続いて名詞の意味を持つ大切な漢字です。読み・書き・意味と、どれも完全に自分のものにしなければなりません。

---

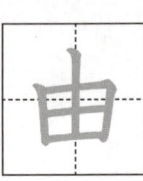

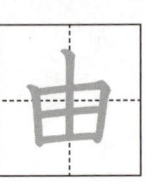

**由**

読み
ユ
ユウ
＊ユイ
＊よし

意味
①そうなったりゆう

例文
自分の名前の□ユ来を調べる。

---

**事**

読み
ジ
＊ズ
こと

意味
①ことがら

例文
弟はいつも友達のもめ□ごとを解決する。

---

**表**

読み
ヒョウ
おもて
あらわーす
あらわーれる

意味
①おもて
②あらわす

例文
ふうとうの□おもてにあて名を書く。

---

**面**

読み
メン
＊おも
＊おもて
＊つら

意味
①顔
②物の外がわ

例文
お祭りでお□メンを買ってもらった。

24

第1章 重要漢字

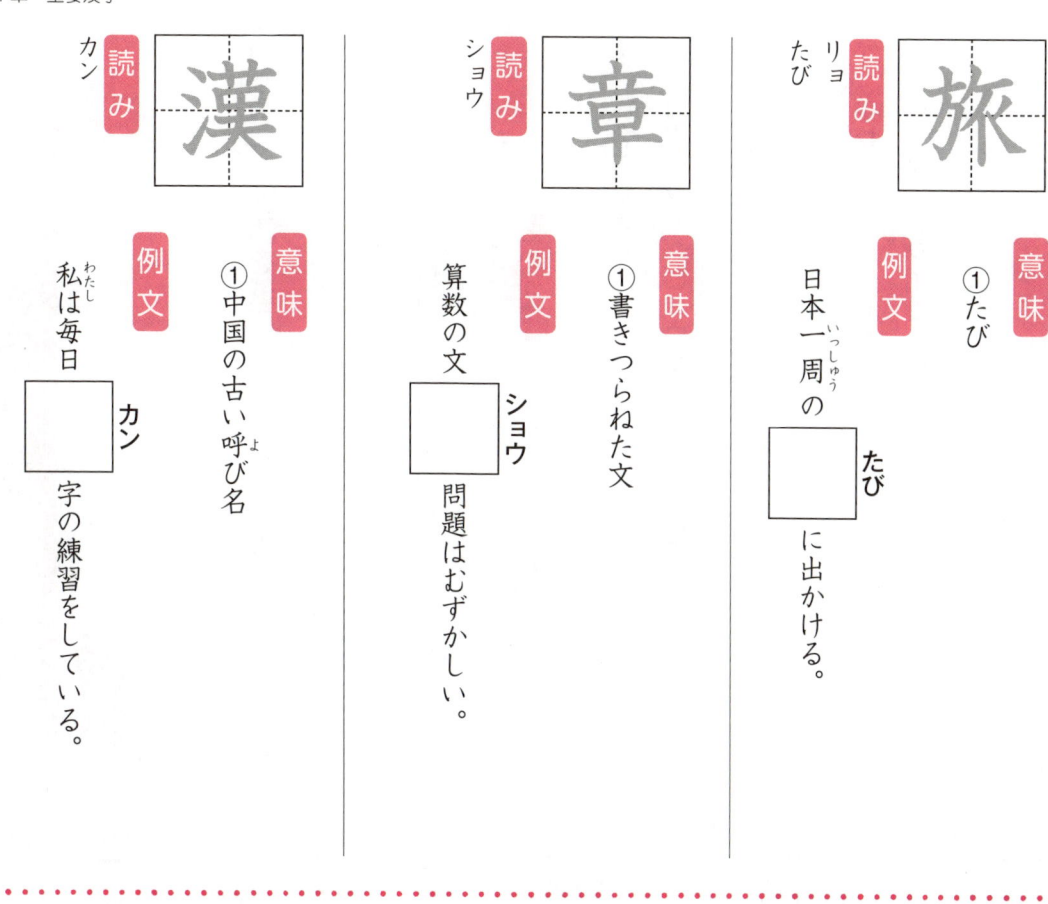

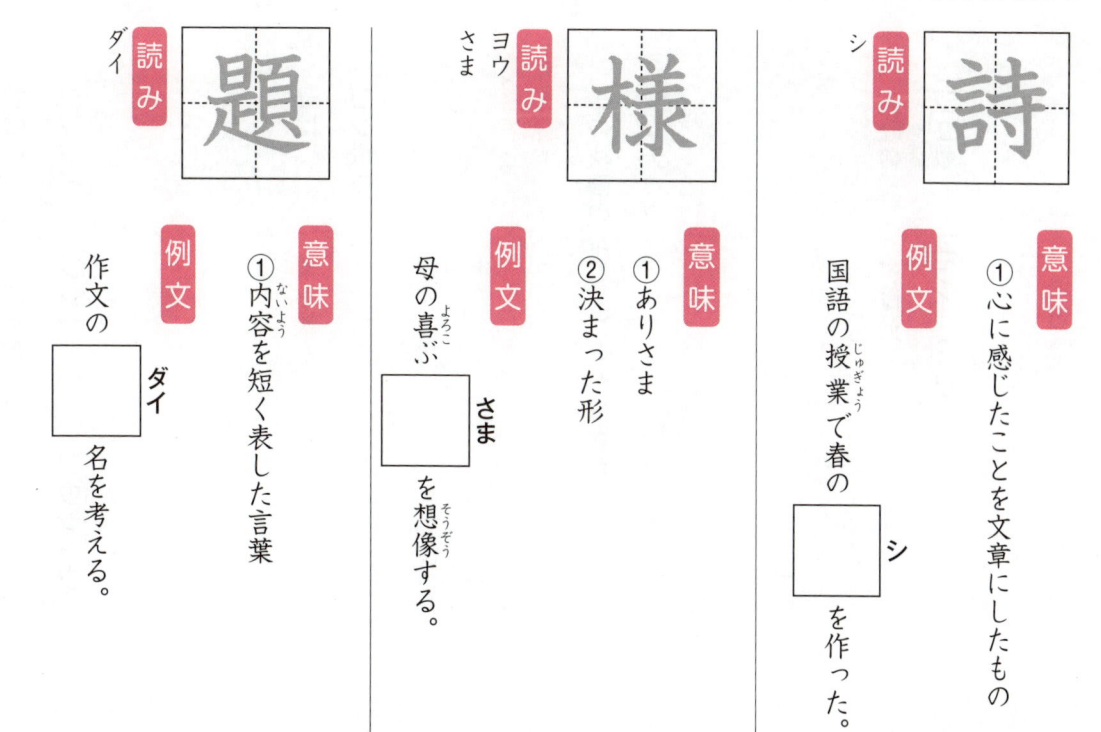

### 旅
- **読み**: リョ／たび
- **意味**: ①たび
- **例文**: 日本一周の□（たび）に出かける。

### 章
- **読み**: ショウ
- **意味**: ①書きつらねた文
- **例文**: 算数の文□（ショウ）問題はむずかしい。

### 漢
- **読み**: カン
- **意味**: ①中国の古い呼び名
- **例文**: 私（わたし）は毎日□（カン）字の練習をしている。

### 詩
- **読み**: シ
- **意味**: ①心に感じたことを文章にしたもの
- **例文**: 国語の授業（じゅぎょう）で春の□（シ）を作った。

### 様
- **読み**: ヨウ／さま
- **意味**: ①ありさま ②決まった形
- **例文**: 母の喜（よろこ）ぶ□（さま）を想像（そうぞう）する。

### 題
- **読み**: ダイ
- **意味**: ①内容（ないよう）を短く表した言葉
- **例文**: 作文の□（ダイ）名を考える。

## STEP 2 文に合った熟語を選びましょう。

問 適切な熟語を選び、カタカナを漢字に直しなさい。

① 父の起こした（　）がきどうにのった。
ジギョウ　ジジツ　クギョウ

「きどうにのる」は「うまくいく」という意味だよ。

② 試合の結果が（　）された。
コウゲン　ヒョウゲン　コウヒョウ

③ 学校で（　）を習った。
シジン　シイカ　シラベ

④ 君はいい（　）を書くね。
ブンタイ　ブンショウ　コウショウ

⑤ 母は（　）薬を飲んでいる。
コンポウ　ケンポウ　カンポウ

⑥ この映画の（　）歌が好きだ。
シュチョウ　シュギ　シュダイ

⑦ 失敗の（　）は何ですか？
ジュウ　ユライ　リュウ

第1章　重要漢字

⑧ 今度の週末には（　）に行く。
　　リョヒ　　リョケン　　リョコウ

⑨ テレビの（　）を見てごらん。
　　ガメン　　バメン　　カメン

⑩ 今日の君の（　）はおかしい。
　　ヨウシキ　　ヨウタイ　　ヨウス

□　　□　　□

# STEP 3 正しい主語の見つけ方。

主語は「だれが・何が」に当たるもので、主語を見つけることは述語を見つけることよりむずかしいのです。

例①　ぼくは　給食の　中では　カレーが　好きだ。

主語はどれでしょうか。

述語は「好きだ」です。

「好きだ」と言っているのは、どちらでしょう。

「○○が」「○○は」になるのが主語だ！」と単純に考えるのではなく、述語に対応するものを探すことが大切です。

このように考えると、この文の主語は「ぼくは」だと分かりますね。

【要点になる主語と話題を表す「は」】

では、もう少しむずかしいものを見てみましょう。

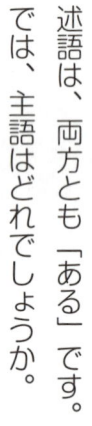

例②　父の　本は　奥の　部屋に　ある。

例③　父の　本は　とても　価値が　ある。

述語は、両方とも「ある」です。では、主語はどれでしょうか。

主語と述語は一文の要点になるのですから、それぞれの文で何を一番伝えたいのか考えてみましょう。

②の文は、「本は」が主語だとすぐに分かりますね。
③の文は、「本は　ある」「価値が　ある」、どちらを伝えたい文なのでしょう。

もちろんこの文は「本は　ある」ことを伝えたいのではなく、「価値が　ある」ことを伝えたいのですね。だから、この文の要点は「価値が　ある」で、「ある」に対応する主語は「価値が」だと分かります。

③の文の「本は」の「は」は、実は主語を表すのではなく、これから「父の本」について話題にしようとするときに使う「は」なんだ。

『父の本』について、今から話題にするよ』と言って、それについて伝えたいのが「価値がある」ということなんだよ。この「は」の使い方はよく出てくるから、頭に置いておいたほうがいいね。

例) 兄は　家族の　中で　一番　背(せ)が　高い。

この文も、「は」は『兄についての話だよ』と示すもので、この文の要点は「背が　高い」となるんだ。

問　次の語句を並べかえて、一文を作りなさい。また、線の付いているカタカナは、漢字に直しなさい。

① ダイモクを　話し合いの　決めた　今日の

［　　　］［　　　］［述語］。

② 好きだ　妹は　手伝いが　カジの　ぼくの

［　　　］［主語］［　　　］［　　　］［述語］。

③ つけた　日記を　私は　タビサキで

［主語］［　　　］［目的語］［述語］。

④ 使える　ジユウに　体育館を　ぼくたちは　放課後は

□主語　□目的語　□述語。

⑤ ヨウシキだ　ぼくの　家は　建築（けんちく）　和風の　ヨウシキは

□主語　□述語。

※ヨウシキは「やり方、スタイル」という意味だよ。

⑥ 牛乳（ぎゅうにゅう）の　まくが　ヒョウメンに　はった　うすい

□主語　□述語。

⑦ 習う　全部　**カンジ**を　覚えた　三年生で_____述語_____。

⑧ ない　するなんて　こんな　**メンボク**　失敗を_____主語_____述語_____。

「はずかしくて顔向けできない」という意味だよ。

第1章　人間の体に関わる名詞

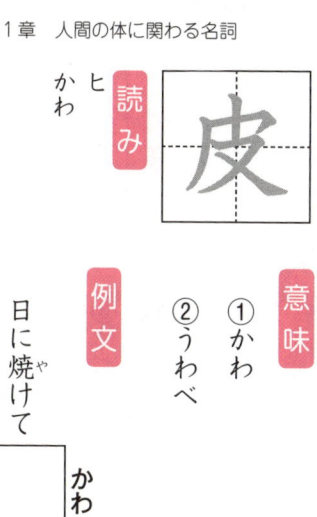

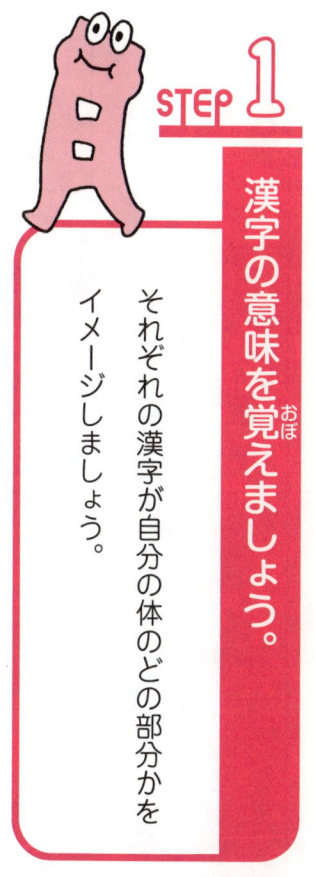

# 人間の体に関わる名詞

皮　血　身　指
息　歯　鼻

## STEP 1 漢字の意味を覚えましょう。

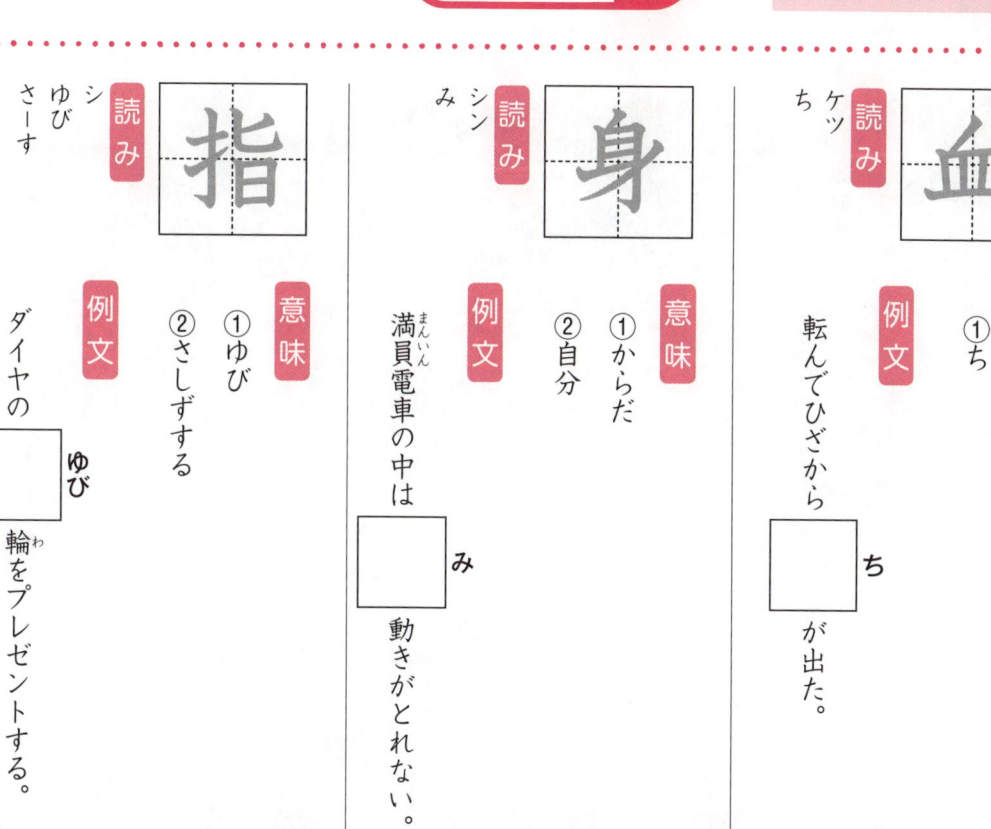

それぞれの漢字が自分の体のどの部分かをイメージしましょう。

---

**皮**

読み：ヒ／かわ

意味：
①かわ
②うわべ

例文：日に焼けて□かわがむけた。

---

**血**

読み：ケツ／ち

意味：
①ち

例文：転んでひざから□ちが出た。

---

**身**

読み：シン／み

意味：
①からだ
②自分

例文：満員電車の中は□み動きがとれない。

---

**指**

読み：シ／ゆび／さーす

意味：
①ゆび
②さしずする

例文：ダイヤの□ゆび輪をプレゼントする。

## 息

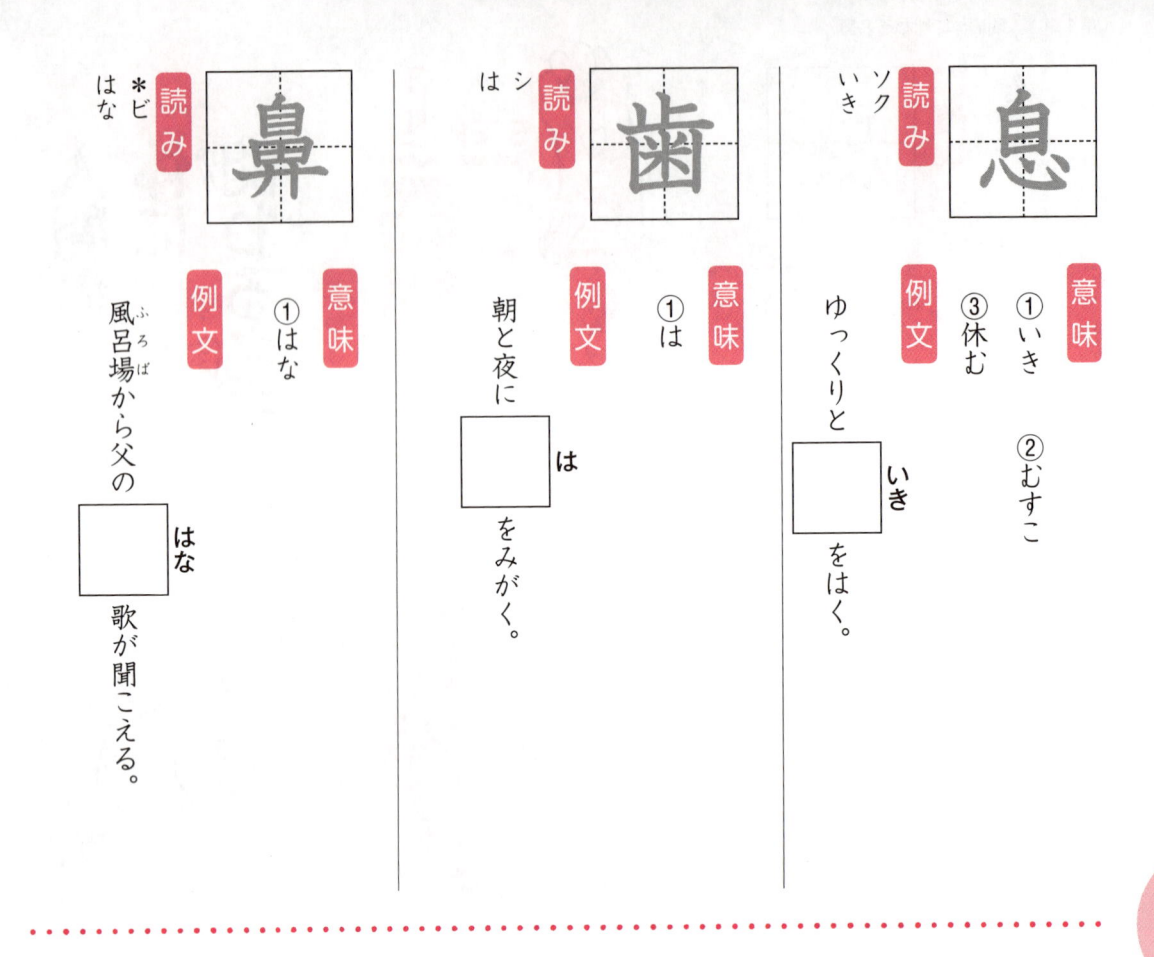

**読み** ソク / いき

**意味**
①いき ②むすこ ③休む

**例文**
ゆっくりと□（いき）をはく。

## 歯

**読み** シ / は

**意味**
①は

**例文**
朝と夜に□（は）をみがく。

## 鼻

**読み** ＊ビ / はな

**意味**
①はな

**例文**
風呂場（ふろば）から父の□（はな）歌が聞こえる。

# STEP 2 文に合った熟語を選びましょう。

問 適切な熟語を選び、カタカナを漢字に直しなさい。

① おかしの食べすぎで（　）になった。
ムシバ　ゲンバ　ホンバ

② （　）ばかり言うので彼のことが苦手だ。
ヒニク　カニク　クニク

> 遠回しにいやなことばかり言うんだね。

③ 君は（　）が良くて健康そうだ。
ケツアツ　ケッショク　ケツエキ

④ 先生のご（　）はお元気ですか。
デシ　セイト　シソク

> よそのむすこをていねいに言う言葉だよ。

⑤ 学校で（　）測定がある。
シンタイ　シンセキ　セッタイ

⑥ みんなの前でほめられて（　）が高い。
ハナ　メ　ミミ

⑦ 授業中、先生が私を（　）した。

シジ　ハンメイ　シメイ

シメイにはいろいろな書き方があるよ。意味に合わせて漢字で書こう。

自分がはたさなければならないやくめ

みょうじとなまえ

その人のなまえをさししめす

## STEP 3 言葉のつながりについて。

言葉は、必ず他の言葉とつながっているよ。

例）
白い → 屋根の → 大きな → 家が ← ある 。

例）
次の例を、どの言葉がどの言葉とつながっているのか考えながら並べかえてみましょう。

同類だ　君とは　好きな　勉強が　点では

□
□
□
□
□ 述語
。

この問題は、
① 君とは　勉強が　好きな　点では　同類だ。
② 勉強が　好きな　点では　君とは　同類だ。

の二つの正解が出てしまいます。

でも、矢印の言葉のつながりを考えると、「勉強が」は、述語の「同類だ」とはつながらないので、正解は①だと分かります。

このように「言葉のつながり」を考えることは、文章を読んだり、書いたりするときにとても大切になってくるのです。

矢印に気をつけて問題を解いてみよう。

問 次の語句を並べかえて、一文を作りなさい。また、線の付いているカタカナは、漢字に直しなさい。

① 足から 私(わたし)は シュッケツした 転んで

[主語] [述語]。

② 十分な 君には 必要だ キュウソク が

[主語] [述語]。

③ 座(すわ)った シテイ ぼくは 席(せき)に 新幹線(しんかんせん)の

[主語] [述語]。

第1章　人間の体に関わる名詞

④ 証明できる **ミブン**を 持っていますか ものを 何か ？ 〔述語〕

⑤ **ハグルマ**は 〔主語〕 一つだ 部品の 機械の 〔述語〕。

⑥ 持っている コートを 姉は **ケガワ**の 私の 〔主語〕 〔述語〕。

## 仕事や勉強に関わる名詞

医局係業

### STEP 1

漢字の意味を覚えましょう。

どんな仕事や勉強なのか、漢字のイメージを持つことで、この後のSTEPの熟語の意味がつかめるようになります。

---

**医**

読み
- イ

意味
① いしゃ

例文
大きくなったら□イ者になりたい。

---

**局**

読み
- キョク

意味
① かぎられた部分
② なりゆき

例文
かぜ薬を買いに薬□キョクへ行く。

---

**係**

読み
- ケイ
- かかーる
- かかり

意味
① うけもち

例文
二学期から生き物□がかりになった。

---

**業**

読み
- ギョウ
- *ゴウ
- *わざ

意味
① つとめ

例文
今日は体育の授□ギョウがある。

## STEP 2 文に合った熟語を選びましょう。

問 適切な熟語を選び、カタカナを漢字に直しなさい。

① 私は将来（　）をつぐつもりだ。
　カジ　ショクギョウ　カギョウ

□

② 苦しい（　）を乗りこえる。
　キョクメン　キョクセツ　キョクブ

□

③ 入場の際は（　）の指示に従ってください。
　カカリイン　カンケイシャ　シンサイン

□

④ 兄は大学の（　）部に合格した。
　イシャ　イシ　イガク

□

⑤ （　）的に大雨が降った。
　キョクド　キョクチ　キョクゲン

□

## STEP 3 言葉のきまりを守って文を作りましょう

問　次の語句を並べかえて、一文を作りなさい。また、線の付いているカタカナは、漢字に直しなさい。

① サギョウを　手分けを　進める　みんなで　して

　[　　]　[　　]　[目的語(点線)]　[述語]。

② 食品　している　父は　仕事を　関ケイの

　[主語]　[　　]　[　　]　[　　]　[述語]。

③ 父は　一番の　評判だ　メイイと　ぼくの　町で

　[　　]　[主語]　[　　]　[　　]　[　　]　[述語]。

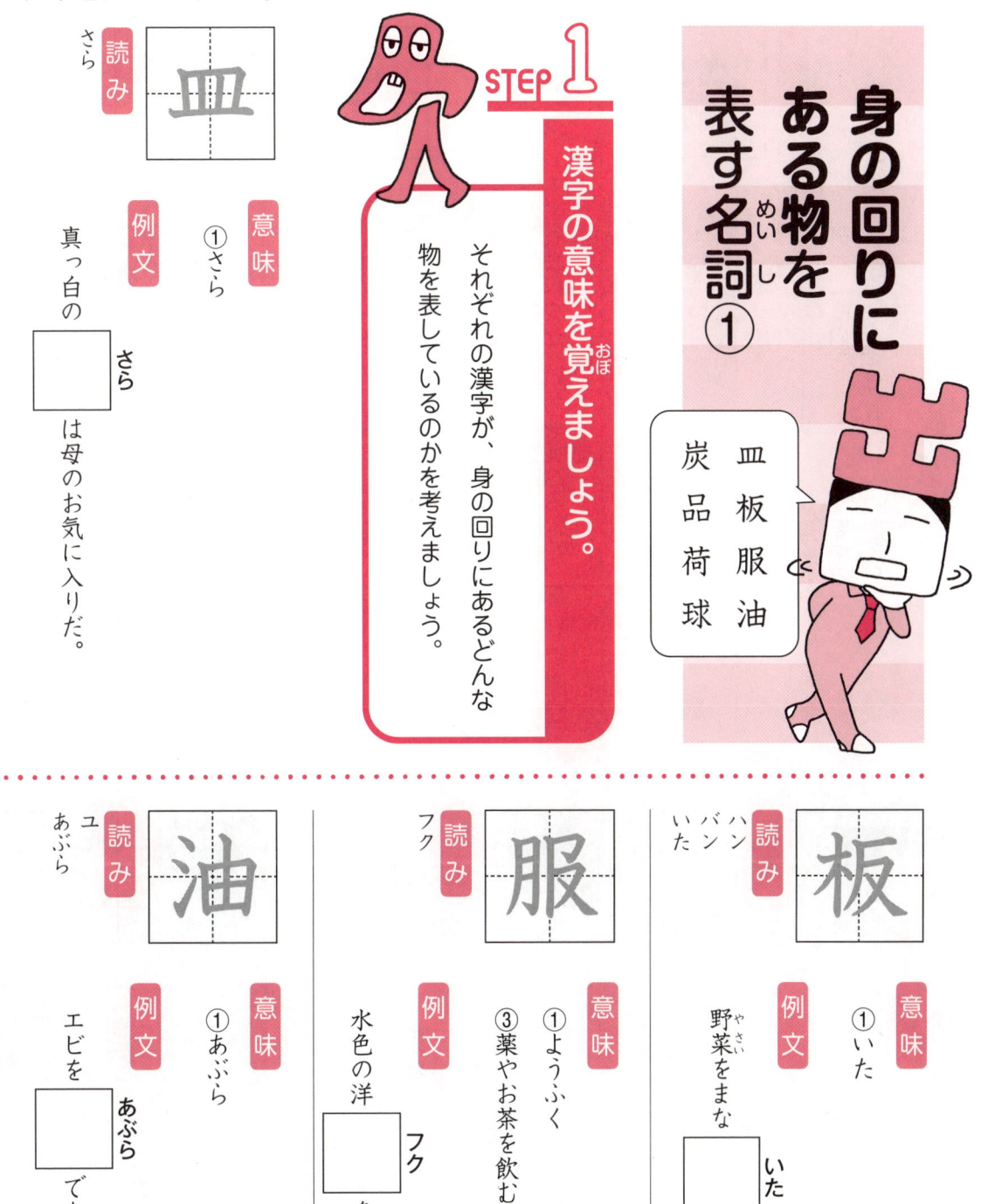

第1章　身の回りにある物を表す名詞①

## 身の回りにある物を表す名詞①

皿　板　服　油
炭　品　荷　球

### STEP 1

漢字の意味を覚えましょう。

それぞれの漢字が、身の回りにあるどんな物を表しているのかを考えましょう。

**皿**

読み：さら

意味：①さら

例文：真っ白の□(さら)は母のお気に入りだ。

---

**板**

読み：ハン　バン　いた

意味：①いた

例文：野菜をまな□(いた)の上で切る。

**服**

読み：フク

意味：①ようふく　②したがう　③薬やお茶を飲む

例文：水色の洋□(フク)を着る。

**油**

読み：ユ　あぶら

意味：①あぶら

例文：エビを□(あぶら)であげる。

## 炭

**読み**
タン
すみ

**意味**
①すみ

**例文**
竹を燃やして□すみ をつくる。

## 品

**読み**
ヒン
しな

**意味**
①しなもの
②人や物が持っているよしあしの感じ

**例文**
た□しな に物を並べる。

## 荷

**読み**
*カ
に

**意味**
①にもつ

**例文**
引っこしの□に づくりをする。

## 球

**読み**
キュウ
たま

**意味**
①たま

**例文**
もっと速い□たま を投げたい。

第1章　身の回りにある物を表す名詞①

## STEP 2 文に合った熟語を選びましょう。

問　適切な熟語（語）を選び、カタカナを漢字に直しなさい。

① （　）の試合で外野を守った。
　タッキュウ　ヤキュウ　キキュウ

② バーゲンの（　）を買った。
　ショウテン　ショウバイ　ショウヒン

③ 大切な（　）を割ってしまった。
　ソラ　サラ　キョク

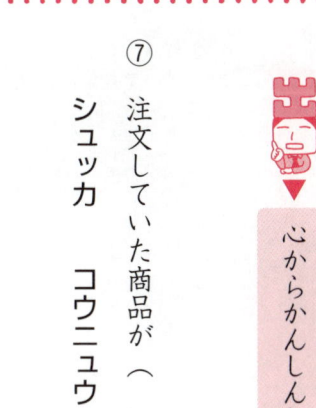

④ パンや米は（　）化物だ。
　タンスイ　タンイツ　タンサン

⑤ （　）でおこのみ焼きを焼いた。
　テッパン　コンバン　ホンバン

⑥ あなたの意見に（　）しました。
　カンセイ　カンプク　カンソウ

　心からかんしんしているんだよ。

⑦ 注文していた商品が（　）した。
　シュッカ　コウニュウ　ニュウカ

⑧ 私(わたし)は（　）ストーブにあたった。
ユデン　セキユ　ゲンユ

⑨ じっくりと着物の（　）さだめをする。
シナ　モノ　コト

# STEP 3 言葉のきまりを守って文を作りましょう

第1章　身の回りにある物を表す名詞①

問　次の語句を並べかえて、一文を作りなさい。また、線の付いているカタカナは、漢字に直しなさい。

① フクヨウした　私は　薬を　ひいたので　かぜを

　主語　□　　　述語　□　　　目的語　□

② 前に　消す　始まる　授業が　コクバンを

　□　　　目的語　□　　　述語　□

③ した　昔は　走っていた　汽車が　燃料に　セキタンを

　□　□　□　□　　　主語　□　　　述語　□

④ 庭に **キュウコン**を 私(わたし)は チューリップの 植えた。

［主語］　［目的語］　［述語］

⑤ **ジョウヒン**な とても 着ていた 先生は 洋服を。

［主語］　［　］　［述語］

⑥ 持った 両手に **ニモツ**を 母は 重い。

［主語］　［　］　［目的語］　［述語］

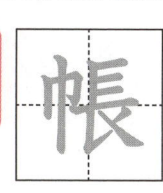

第1章 身の回りにある物を表す名詞②

# 身の回りにある物を表す名詞②

帳 笛 湯 筆
鉄 銀 箱 薬

## STEP 1

漢字の意味を覚えましょう。

それぞれの漢字が、身の回りにあるどんな物を表しているのかを考えましょう。

---

**帳**
読み：チョウ
意味：①ノート
例文：新しい日記[チョウ]を買ってもらった。

**笛**
読み：テキ／ふえ
意味：①ふえ
例文：試合終了（しあいしゅうりょう）を知らせる[ふえ]が鳴った。

**湯**
読み：トウ／ゆ
意味：①ゆ
例文：ふろの[ゆ]かげんがちょうどよい。

**筆**
読み：ヒツ／ふで
意味：①ふで ②書く
例文：書道の先生は[ふで]使いが上手だ。

49

## 鉄

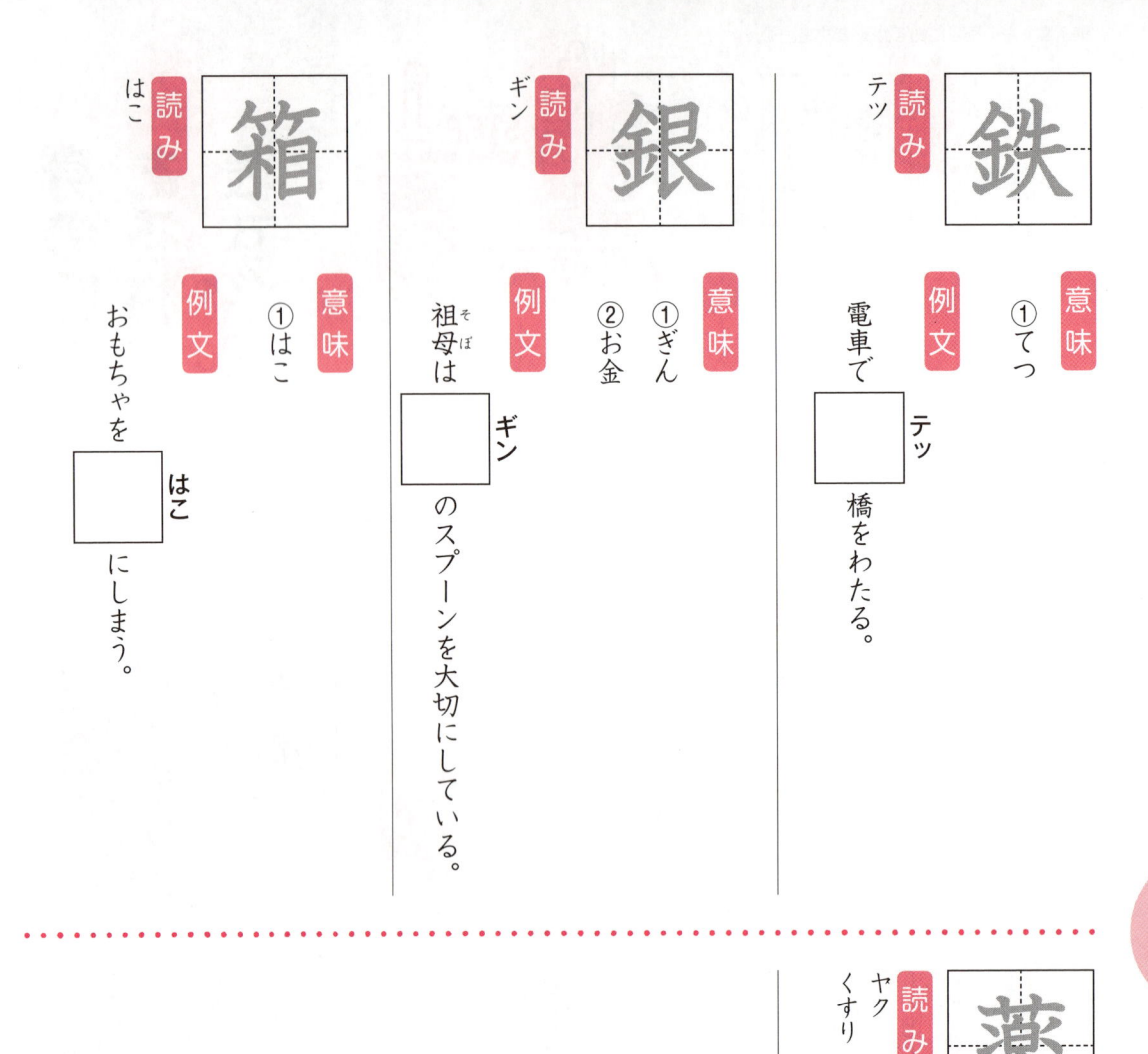

**読み** テツ

**意味** ①てつ

**例文** 電車で[　]テツ橋をわたる。

## 銀

**読み** ギン

**意味** ①ぎん ②お金

**例文** 祖母は[　]ギンのスプーンを大切にしている。

## 箱

**読み** はこ

**意味** ①はこ

**例文** おもちゃを[　]はこにしまう。

## 薬

**読み** ヤク／くすり

**意味** ①くすり

**例文** 食後に胃の[　]くすりを飲む。

# STEP2 文に合った熟語を選びましょう。

第1章　身の回りにある物を表す名詞②

問　適切な熟語（語）を選び、カタカナを漢字に直しなさい。

① やかんに熱（　）が入っているから、気をつけなさい。
　チュウ　トウ　キョウ

② （　）を持って銀行に行く。
　ツウチョウ　テチョウ　ギチョウ

③ えんぴつを（　）にしまう。
　ジュウバコ　フデバコ　ホンバコ

④ （　）は熱いうちに打て。
　キン　ギン　テツ

　※物事をするによいタイミングを見のがしてはいけないという意味。

⑤ この（　）は切り傷にきく。
　ザッソウ　ヤクソウ　ハッソウ

⑥ 雪が積もって、あたり一面（　）だ。
　キンセカイ　ギンセカイ　シロセカイ

⑦ 兄は（　）をふきながら歩いた。
　ノドブエ　クチブエ　タイコ

⑧ この文章の（　）は女性だ。
シュチョウ　サイゴ　ヒッシャ

⑨ レバーには（　）がたくさんふくまれている。
テツブン　エンブン　ユブン

# STEP 3 言葉のきまりを守って文を作りましょう

問　次の語句を並べかえて、一文を作りなさい。また、線の付いているカタカナは、漢字に直しなさい。

① 三けたの　ぼくは　苦手だ　**ヒッサン**が

[主語] [　] [述語]。

② 使った　ように　父は　**ユミズ**の　お金を

[主語] [　] [　] [目的語] [述語]。

③ 家に　ほしがっていた　**ハコニワ**を　父は　小さな

[主語] [　] [　] [　] [述語]。

④ ヤクミの 母は ざるそばに ネギを 入れた  [主語] [目的語] [述語]

⑤ している 私は 預金を ギンコウに 地元の  [主語] [目的語] [述語]

⑥ キテキを 出た 鳴らして 港を 船が  [主語] [目的語] [述語]

⑦ 流れた テツドウ テレビで ニュースが 事故の  [主語] [述語]

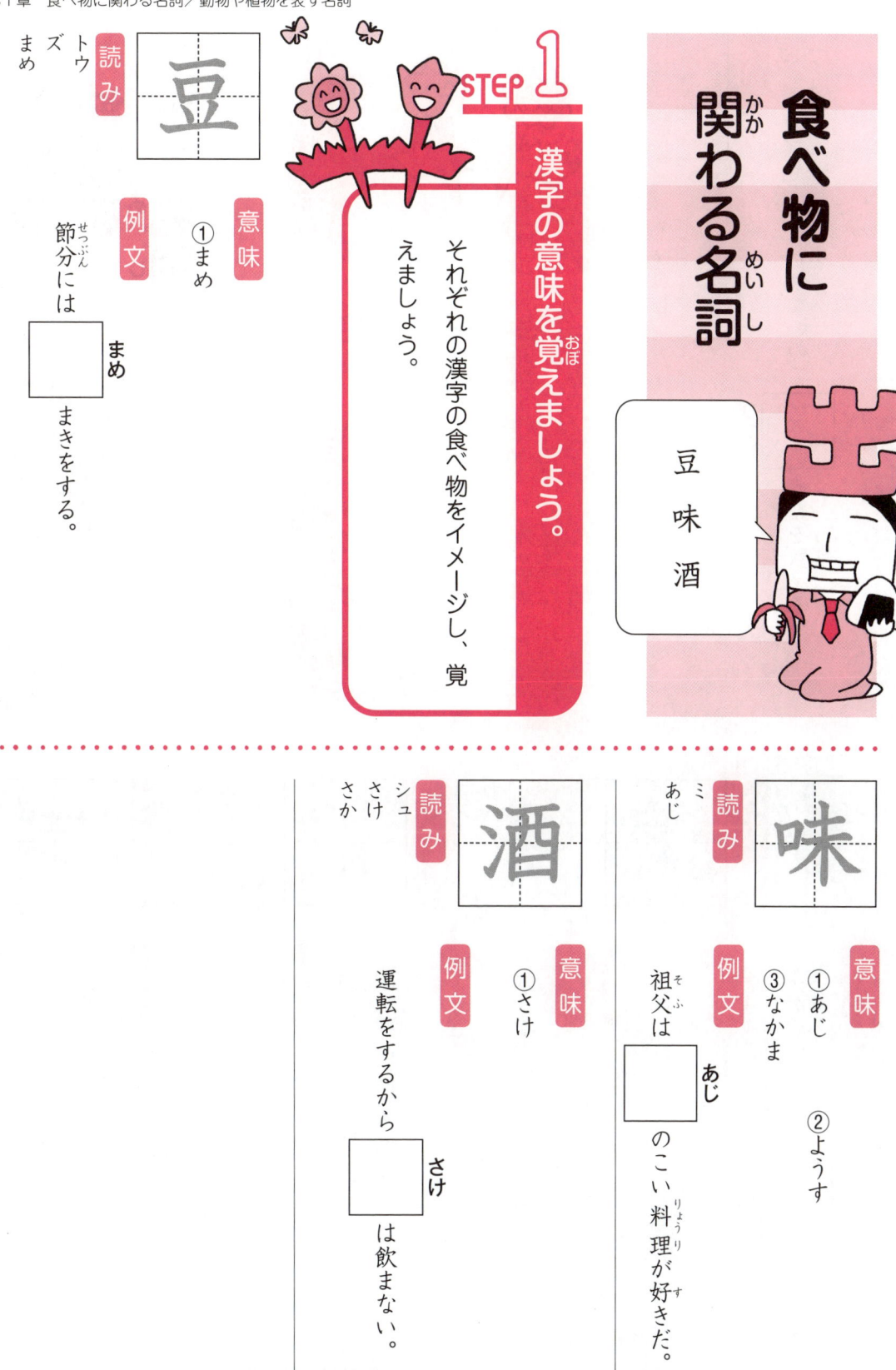

第1章 食べ物に関わる名詞／動物や植物を表す名詞

# 食べ物に関わる名詞

「豆 味 酒」

## STEP 1

漢字の意味を覚えましょう。

それぞれの漢字の食べ物をイメージし、覚えましょう。

### 豆

**読み** トウ／ズ／まめ

**意味** ①まめ

**例文** 節分には□まめまきをする。

### 味

**読み** ミ／あじ

**意味** ①あじ ②ようす ③なかま

**例文** 祖父は□あじのこい料理が好きだ。

### 酒

**読み** シュ／さけ／さか

**意味** ①さけ

**例文** 運転をするから□さけは飲まない。

# 動物や植物を表す名詞

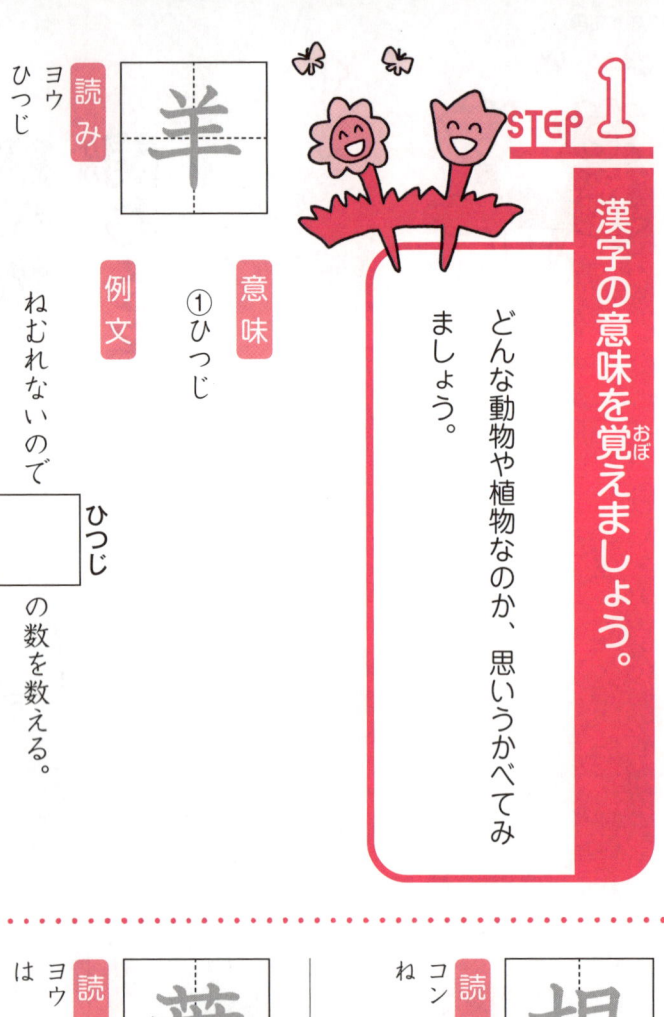

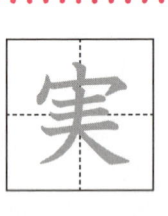

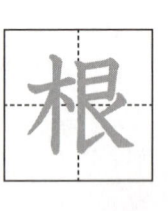

## STEP 1
漢字の意味を覚えましょう。

どんな動物や植物なのか、思いうかべてみましょう。

羊 実 根 葉

---

**羊**
- 読み：ヨウ／ひつじ
- 意味：①ひつじ
- 例文：ねむれないので □ひつじ の数を数える。

**実**
- 読み：ジツ／み・みのーる
- 意味：①み　②本当
- 例文：熟したももの □み のいいにおいがする。

**根**
- 読み：コン／ね
- 意味：①ね　②もと　③物事にたえる気力
- 例文：大きな木の □ね につまずいた。

**葉**
- 読み：ヨウ／は
- 意味：①はっぱ
- 例文：冬が近づくと木の □は が落ちる。

第1章　食べ物に関わる名詞／動物や植物を表す名詞

## STEP 2 文に合った熟語を選びましょう。

問　適切な熟語を選び、カタカナを漢字に直しなさい。

① 秋は（　）の季節だ。
　ラクダイ　ラクヨウ　シャクネツ

② 私は（　）の服を着た。
　モウハツ　ヨウカン　ヨウモウ

③ 君は（　）からまちがっている。
　コンポン　ホンコン　シュッパツ

④ おとなしいので（　）に見える。
　ビミ　ムミ　ジミ

　ジミの反対の意味を持つ言葉をひらがな二文字で書こう。

⑤ （　）を追求する。
　ゲンジツ　シンジツ　キョジツ

⑥ 彼の実家は（　）だ。
　サカヤ　サカムシ　サカテ

⑦ とうふは（　）からできている。
　アズキ　ダイズ　ジュズ

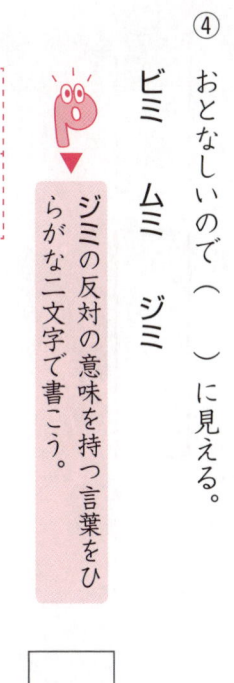

## STEP 3 言葉のきまりを守って文を作りましょう。

問　次の語句を並べかえて、一文を作りなさい。また、線の付いているカタカナは、漢字に直しなさい。

① 中で　ぼくは　料理の　一番　好きだ　おせち　クロマメが

□　□　□　主語　目的語　□　述語。

② 結果は　通りだ　君の　試合の　ジツリョク

□　主語　□　□　述語。

③ ためには　必要だ　コンキが　物事を　達成する

□　□　□　主語　述語。

第1章　食べ物に関わる名詞／動物や植物を表す名詞

④ 運転を いけない おび **シュキ** しては 〔述語〕

⑤ ことが **ミカタ**だ どんな ぼくは あっても 君の 〔主語〕 〔述語〕

⑥ 人で 来た 山は 見に いっぱいだった 紅**ヨウ**を 〔主語〕 〔述語〕

## 自然に関わる名詞

氷坂岸波
畑洋島湖陽

### STEP 1

漢字の意味を覚えましょう。

自然の中にあるいろいろなものを表しています。どんな自然かイメージしましょう。

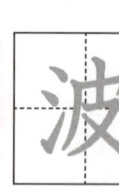

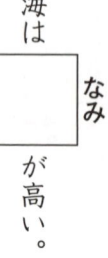

---

**氷**

- 読み：ヒョウ／＊こおり／ひ
- 意味：①こおり
- 例文：ジュースに□こおりを入れる。

**坂**

- 読み：＊ハン／さか
- 意味：①さか
- 例文：自転車で急な□さか道を上る。

**岸**

- 読み：ガン／きし
- 意味：①きし
- 例文：泳いで向こう□ぎしにわたる。

**波**

- 読み：ハ／なみ
- 意味：①なみ
- 例文：今日の海は□なみが高い。

第1章　自然に関わる名詞

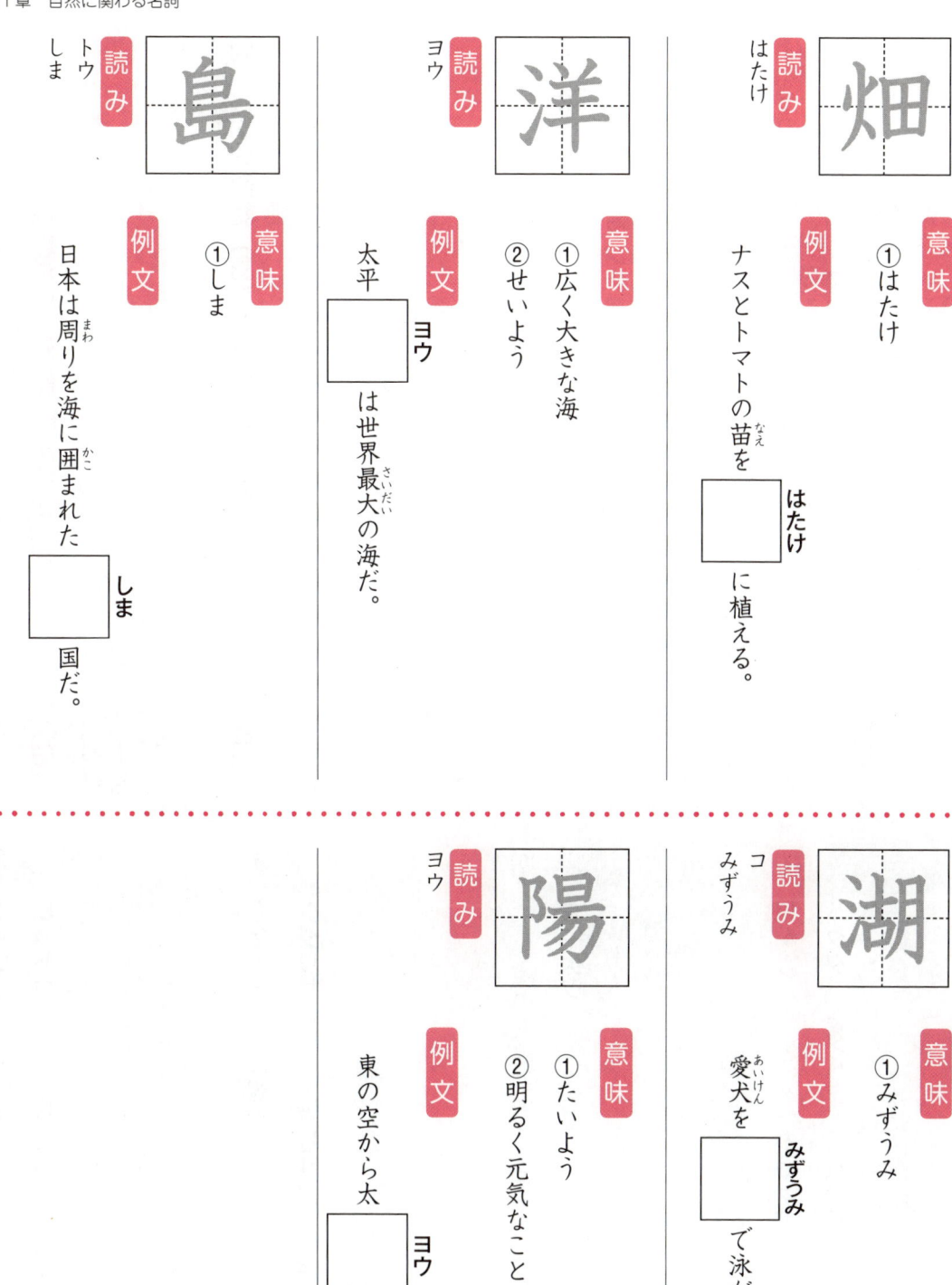

## 畑

**読み** はたけ

**意味**
①はたけ

**例文**
ナスとトマトの苗を□（はたけ）に植える。

## 洋

**読み** ヨウ

**意味**
①広く大きな海
②せいよう

**例文**
太平□（ヨウ）は世界最大の海だ。

## 島

**読み** トウ／しま

**意味**
①しま

**例文**
日本は周りを海に囲まれた□（しま）国だ。

---

## 湖

**読み** コ／みずうみ

**意味**
①みずうみ

**例文**
愛犬を□（みずうみ）で泳がせる。

## 陽

**読み** ヨウ

**意味**
①たいよう
②明るく元気なこと

**例文**
東の空から太□（ヨウ）がのぼる。

## STEP 2 文に合った熟語を選びましょう。

問 適切な熟語（語）を選び、カタカナを漢字に直しなさい。

① 彼は（　）な性格だ。
タイヨウ　コンキ　ヨウキ

② 君とは（　）が合いそうだ。
ハバツ　タンチョウ　ハチョウ

③ その事件は（　）の一角だ。
ヒョウザン　コウザン　フジサン

> 全体の中のほんの一部ということだね。

④ 日本（　）は細長い。
レットウ　カイリュウ　コクナイ

⑤ 今年のチームは調子が（　）で連勝だ。
クダリザカ　ノボリザカ　キュウナサカ

⑥ （　）の友達に大きく手をふった。
タイケツ　タイガン　タイショウ

⑦ 朝から（　）をたがやす。
ハタタ　タハタ　ハタハ

第1章　自然に関わる名詞

⑧（　）をきれいにたたむ。
　カイフク　チャクフク　ヨウフク

⑨（　）の水は塩からくない。
　ウメ　ウミ　ミズウミ

# STEP 3 言葉のきまりを守って文を作りましょう。

問　次の語句を並べかえて、一文を作りなさい。また、線の付いているカタカナは、漢字に直しなさい。

① 急な　ブレーキを　下る　サカを　かけて　自転車の

☐　☐　[目的語]　☐　[目的語]　[述語]

② 冬なのに　食べた　ぼくは　かきゴオリを

[主語]　☐　[目的語]　[述語]。

③ 祖父の　家は　農家だ　私の　ハタサク　代から

☐　[主語]　☐　☐　[述語]。

第1章　自然に関わる名詞

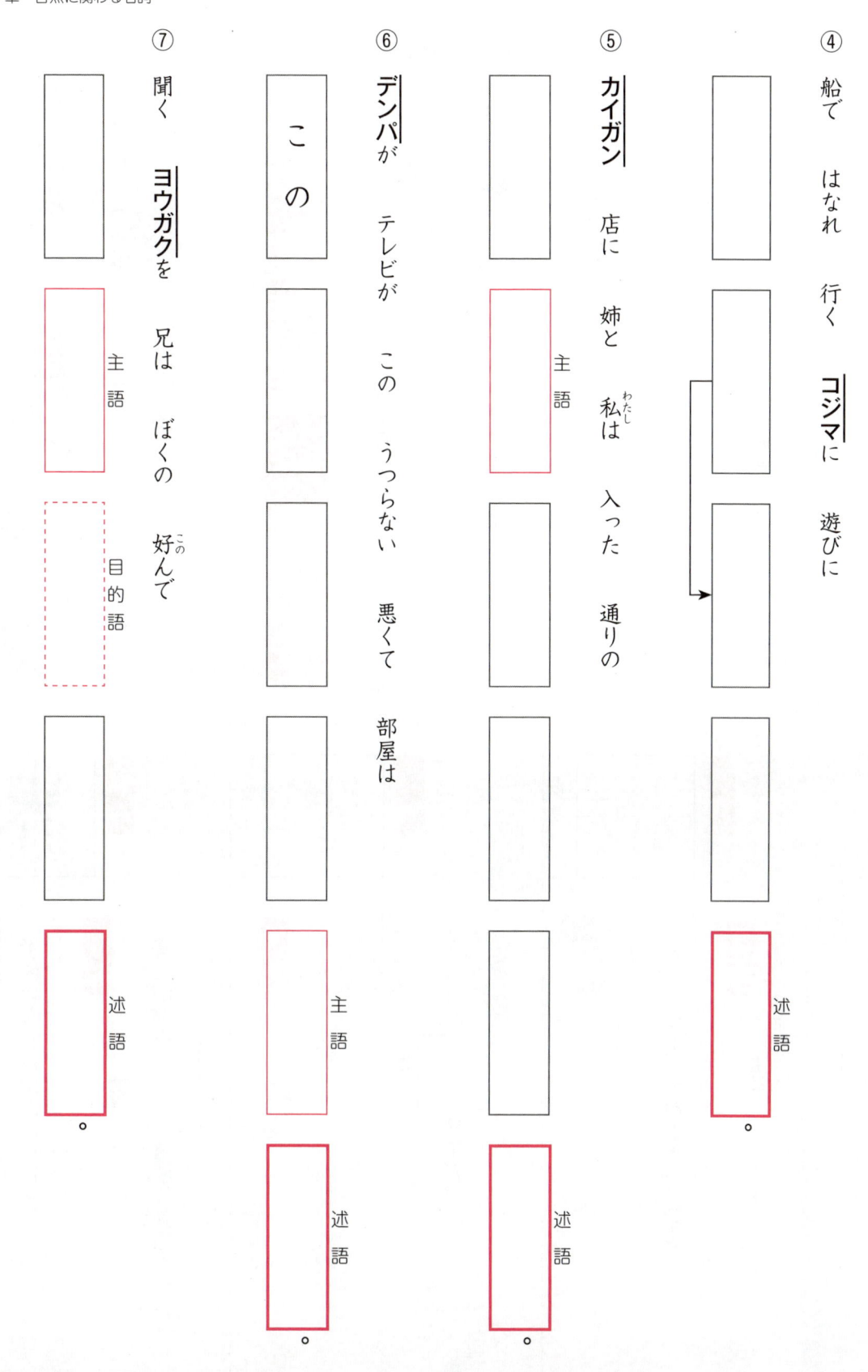

④ 船で　はなれ　行く　コジマに　遊びに　[　] 。 [述語]

⑤ カイガン　店に　姉と　私（わたし）は　入った　通りの　[主語] 　[　] 。 [述語]

⑥ デンパが　テレビが　この　うつらない　悪くて　部屋は　[　] 　[主語] 。 [述語]

⑦ 聞く　ヨウガクを　兄は　ぼくの　好（この）んで　[主語] 　[目的語] 　[　] 。 [述語]

## 空間を表す名詞

央 界 階 横

### STEP 1

漢字の意味を覚えましょう。

それぞれがどんな空間なのか、イメージしてみましょう。

---

**央**

読み　オウ

意味　①まん中

例文　体育館の中［オウ］に集まった。

---

**界**

読み　カイ

意味　①区切られたはんいや社会

例文　富士山が世［カイ］遺産に登録された。

---

**階**

読み　カイ

意味　①かいだん

例文　学校は四［カイ］建てだ。

---

**横**

読み　オウ／よこ

意味　①よこ　②好き勝手でわがままなようす

例文　ノートに［よこ］書きでメモをとる。

66

# STEP 2 文に合った熟語を選びましょう。

問 適切な熟語を選び、カタカナを漢字に直しなさい。

① （　）から物音が聞こえる。
ゲカイ　カイカ　シカイ

② 高速道路でトラックが（　）した。
オウチャク　オウテン　オウリョウ

▶ 出したの部屋のことだよ。

③ 父は出版（　）の人間だ。
ギョウシュ　セカイ　ギョウカイ

④ 電車では、ぼくはいつも座席の（　）に座る。
チュウシン　チュウオウ　チュウリツ

⑤ 姉の（　）は美しい。
マエガオ　ヨコガオ　ウシロガオ

# STEP 3 言葉のきまりを守って文を作りましょう。

問　次の語句を並べかえて、一文を作りなさい。また、線の付いているカタカナは、漢字に直しなさい。

① オウコウしている　最近　いはんが　学校の　規則

悪いことがしょっちゅうおこなわれているんだ。

[　　]主語　[　　]述語

② かけて　長い　上った　神社の　一時間　カイ段を

[　　]　[　目的語　]　[　　]主語　[　　]述語

③ おしゃかさまは　ついた　見下ろして　ゲカイを　ため息を

[　主語　]　[　　]　[　　]　[　目的語　]　[　述語　]。

# 第1章 場所を表す名詞

## 場所を表す名詞(めいし)

丁区州所県
都港路橋

### STEP 1 漢字の意味を覚(おぼ)えましょう。

どんな場所を表しているのか、大きさなどもイメージしながら覚えましょう。

---

**丁**

**読み**　チョウ／＊テイ

**意味**
① 町をいくつかに分けた区分
② とうふや道具などを数える言葉

**例文**
ぼくの家は三□チョウ目にある。

---

**区**

**読み**　ク

**意味**
① さかい
② くぎる

**例文**
ぼくは学□ク外の学校に通学している。

---

**州**

**読み**　シュウ／＊す

**意味**
① 国の中にある地方

**例文**
ニューヨーク□シュウに住んでいる。

---

**所**

**読み**　ショ／ところ

**意味**
① ところ

**例文**
空いている□ところに座(すわ)る。

## 県

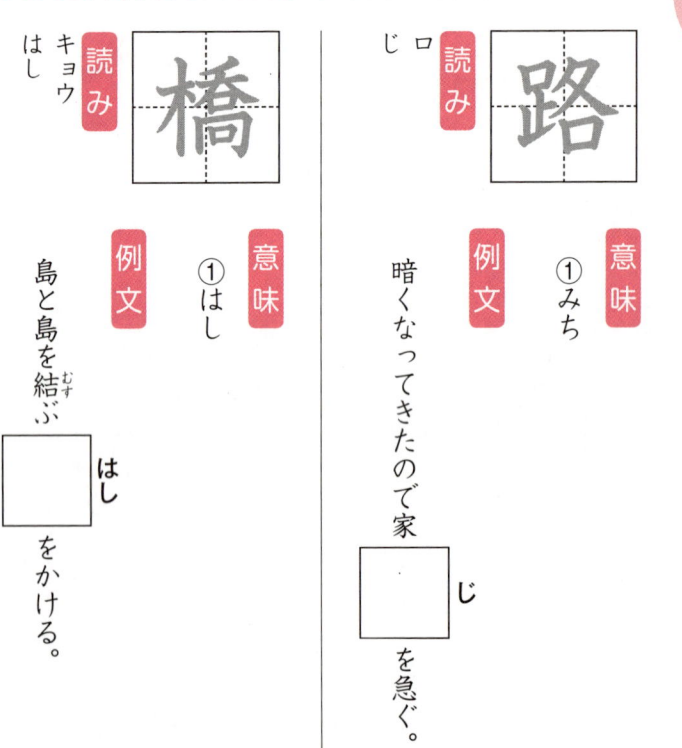

読み：ケン

意味：①けん

例文：日曜日に □ケン 立の図書館に行った。

## 都

読み：ト／ミヤコ

意味：①みやこ

例文：パリは芸術の □みやこ と言われている。

## 港

読み：コウ／みなと

意味：①みなと

例文：フェリーが □みなと に着いた。

## 路

読み：ロ／じ

意味：①みち

例文：暗くなってきたので家 □じ を急ぐ。

## 橋

読み：キョウ／はし

意味：①はし

例文：島と島を結ぶ □はし をかける。

# STEP 2 文に合った熟語を選びましょう。

問 適切な熟語（語）を選び、カタカナを漢字に直しなさい。

① 貨物船が静かに（　）する。
テンコウ　ニュウコウ　アンコウ

□

② アメリカは（　）によって法律が異なる。
ショウ　シュウ　ケン

□

③ 高速（　）がじゅうたいしている。
テツドウ　ツウロ　ドウロ

□

④ 湯かげんが（　）いい。
テキトウ　テキド　チョウド

□

⑤ 青森の（　）はリンゴの花だ。
ケンボク　ケンチョウ　ケンカ

□

⑥ 電車が長い（　）をわたっていく。
テッキョウ　テツロ　テツボウ

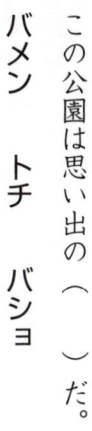

□

⑦ この公園は思い出の（　）だ。
バメン　トチ　バショ

□

⑧ ぼくは（　）に住みたい。
　シカイ　セカイ　トカイ

⑨ 世界にはさまざまな観光（　）がある。
　メイショ　キンジョ　ジュウショ

⑩ 土地を三つに（　）した。
　クフウ　クブン　ブンルイ

## STEP 3 言葉のきまりを守って文を作りましょう。

問　次の語句を並べかえて、一文を作りなさい。また、線の付いているカタカナは、漢字に直しなさい。

① パリだ　日本の　シュト は　シュト は　フランスの　東京

　[　主語　]　[　述語　、]　[　主語　]　[　述語　。]

② ロジ裏で　子どもの　私は　遊んだ　ころ　よく　よく

　[　　　]　[　主語　]　[　　　]　[　述語　。]

③ あまり　ところだ　おこらない　チョウショ は　君の

　[　　　]　[　主語　]　[　　　]　[　　　]　[　述語　。]

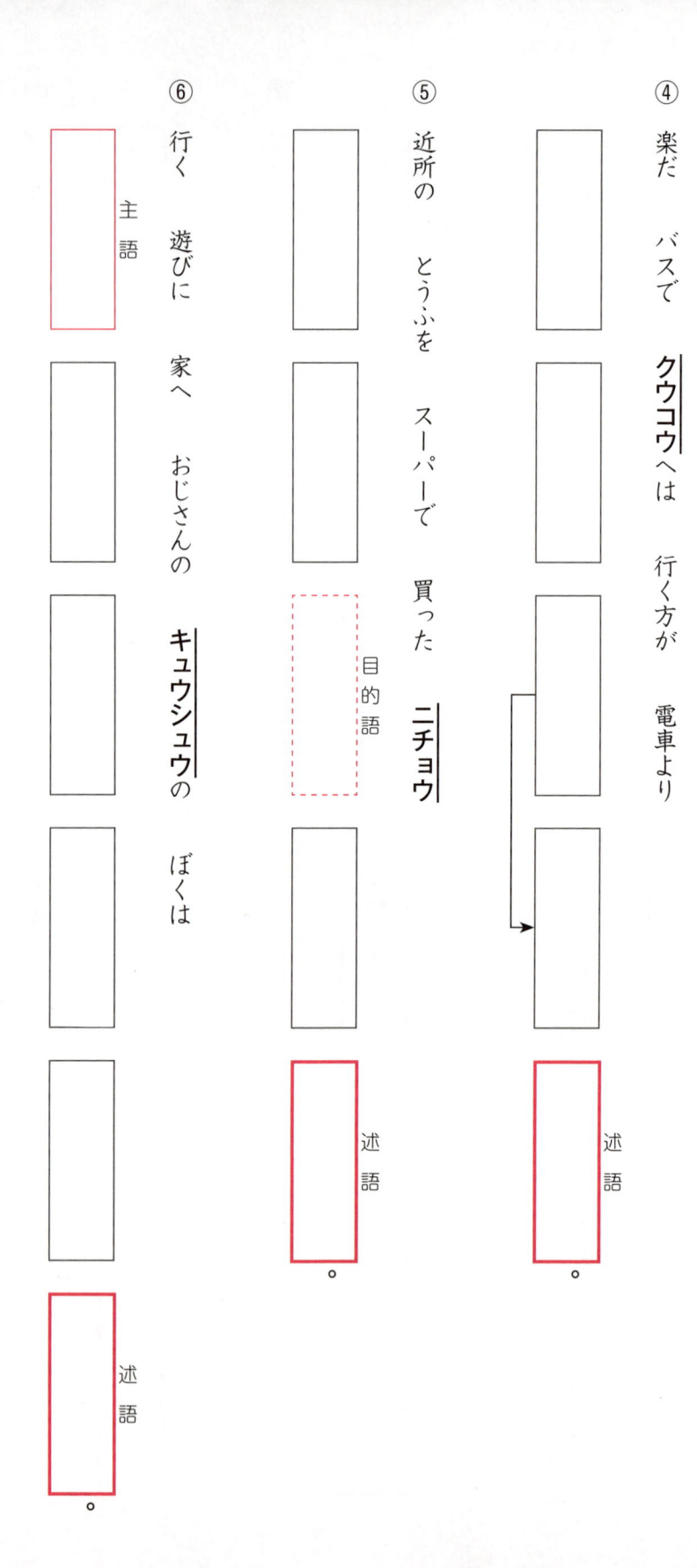

④ 楽だ　バスで　**クウコウ**へは　行く方が　電車より　[述語]。

⑤ 近所の　とうふを　スーパーで　買った　**ニチョウ**　[目的語]　[述語]。

⑥ 行く　遊びに　家へ　おじさんの　**キュウシュウ**の　ぼくは　[主語]　[述語]。

第1章　建物を表す名詞

## 建物を表す名詞

屋柱院宮庫
庭宿駅館

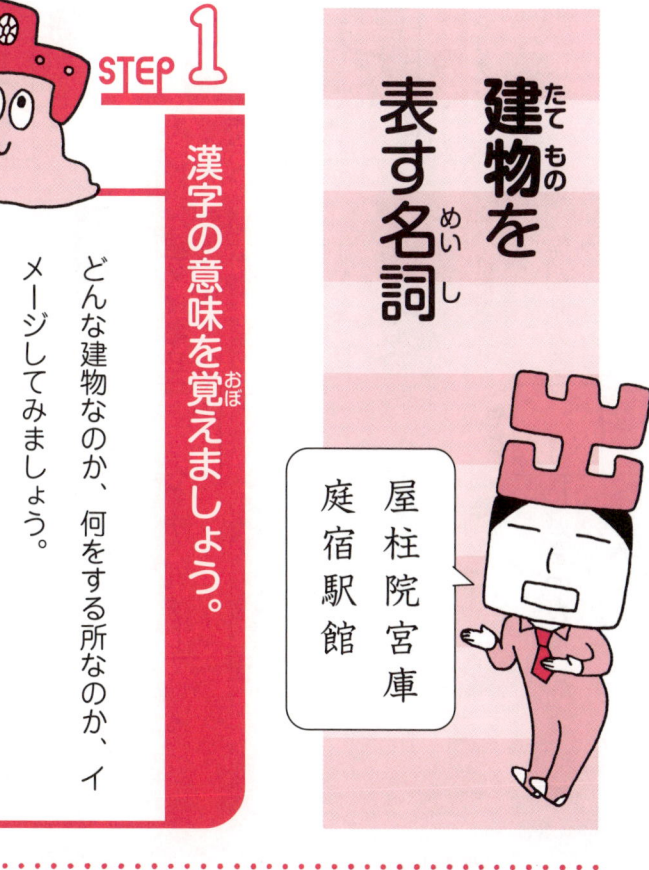

### STEP 1

漢字の意味を覚えましょう。

どんな建物なのか、何をする所なのか、イメージしてみましょう。

---

**屋**

読み：オク／や

意味：①いえ

例文：お祭りには多くの□（や）台が出る。

---

**柱**

読み：チュウ／はしら

意味：①はしら

例文：夜中に□（はしら）時計の音で目が覚める。

---

**院**

読み：イン

意味：①人が集まる大きなたてもの

例文：友達のお見まいに病□（イン）へ行く。

---

**宮**

読み：キュウ／*グウ／*ク／みや

意味：①神社　②王などが住む大きなたてもの

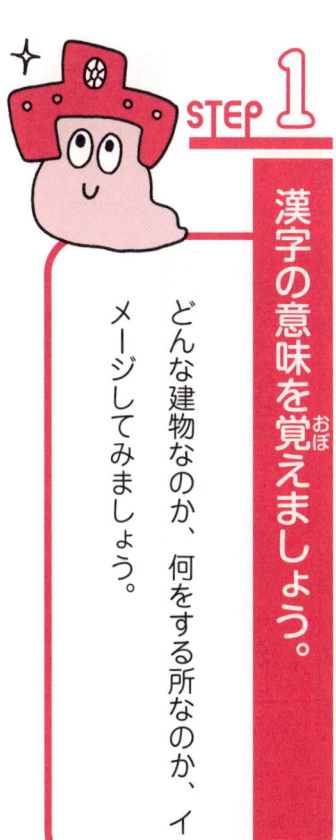

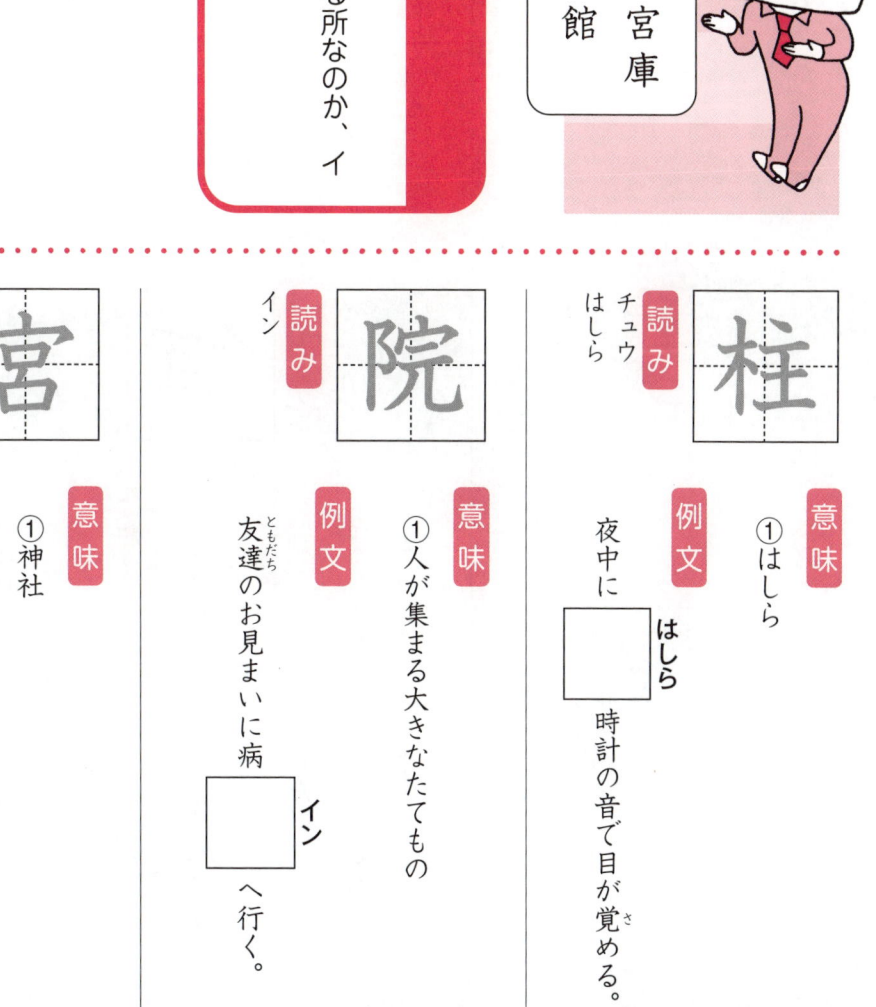

例文：妹が産まれたのでお□（みや）参りにでかけた。

75

## 庫

**読み**
*コ
ク

**意味**
①物を入れておく所

**例文**
預かったお金を金□コにしまう。

## 庭

**読み**
テイ
にわ

**意味**
①にわ
②家の中

**例文**
祖父は毎日□にわの手入れをしている。

## 宿

**読み**
シュク
やど
やどーる
やどーす

**意味**
①やど
②前からの

**例文**
海が見える□やどにとまった。

## 駅

**読み**
エキ

**意味**
①えき

**例文**
父に車で□エキまで送ってもらう。

## 館

**読み**
カン
やかた

**意味**
①多くの人が使う大きなたてもの

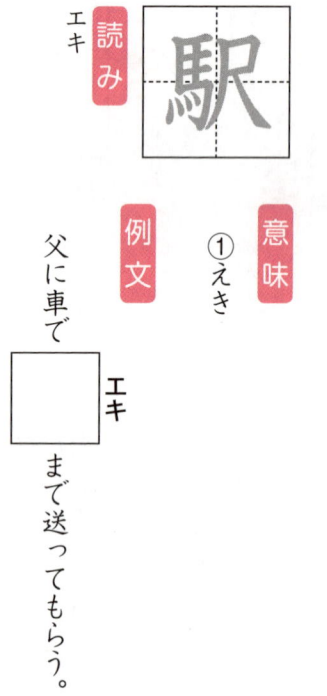

**例文**
丘の上に大きな□やかたがある。

# STEP 2 文に合った熟語を選びましょう。

第1章　建物を表す名詞

問 適切な熟語（語）を選び、カタカナを漢字に直しなさい。

① バイクを（　）に入れる。
カイシャ　シャコ　キンコ

② （　）でサッカーをする。
コウバン　コウテイ　サイテイ

③ 災害で多くの（　）がほうかいした。
カナイ　カオク　カジ

「ほうかい」は「くずれてこわれる」という意味。

④ ぼくは（　）にどの電車に乗ればいいか聞いた。
エキバ　エキシツ　エキイン

⑤ （　）が立ったからえんぎがいい。
チャバシラ　ヒバシラ　ダイコクバシラ

⑥ （　）にはお坊さんが暮らしている。
ビョウイン　ジンジャ　ジイン

⑦ お姫さまは（　）殿に住んでいるらしい。
ショウ　カン　キュウ

⑧ 夏休みの(　)はまだ終わっていない。
シュクチョク　シュクダイ　シュクハク

⑨ (　)で本を借(か)りる。
ズカン　ホンカン　トショカン

# STEP 3 言葉のきまりを守って文を作りましょう。

問 次の語句を並べかえて、一文を作りなさい。また、線の付いているカタカナは、漢字に直しなさい。

① いつも 学校の かかっている **オクジョウ**は かぎが

□ → □ 主語 □ 述語 。

② お花を 母に 持って行った **ニュウイン**中の くだものと

□ □ [目的語] [目的語] □述語 。

③ 時間に 作った **カテイカ**の 姉は エプロンを

□主語 □ □ [目的語] □述語 。

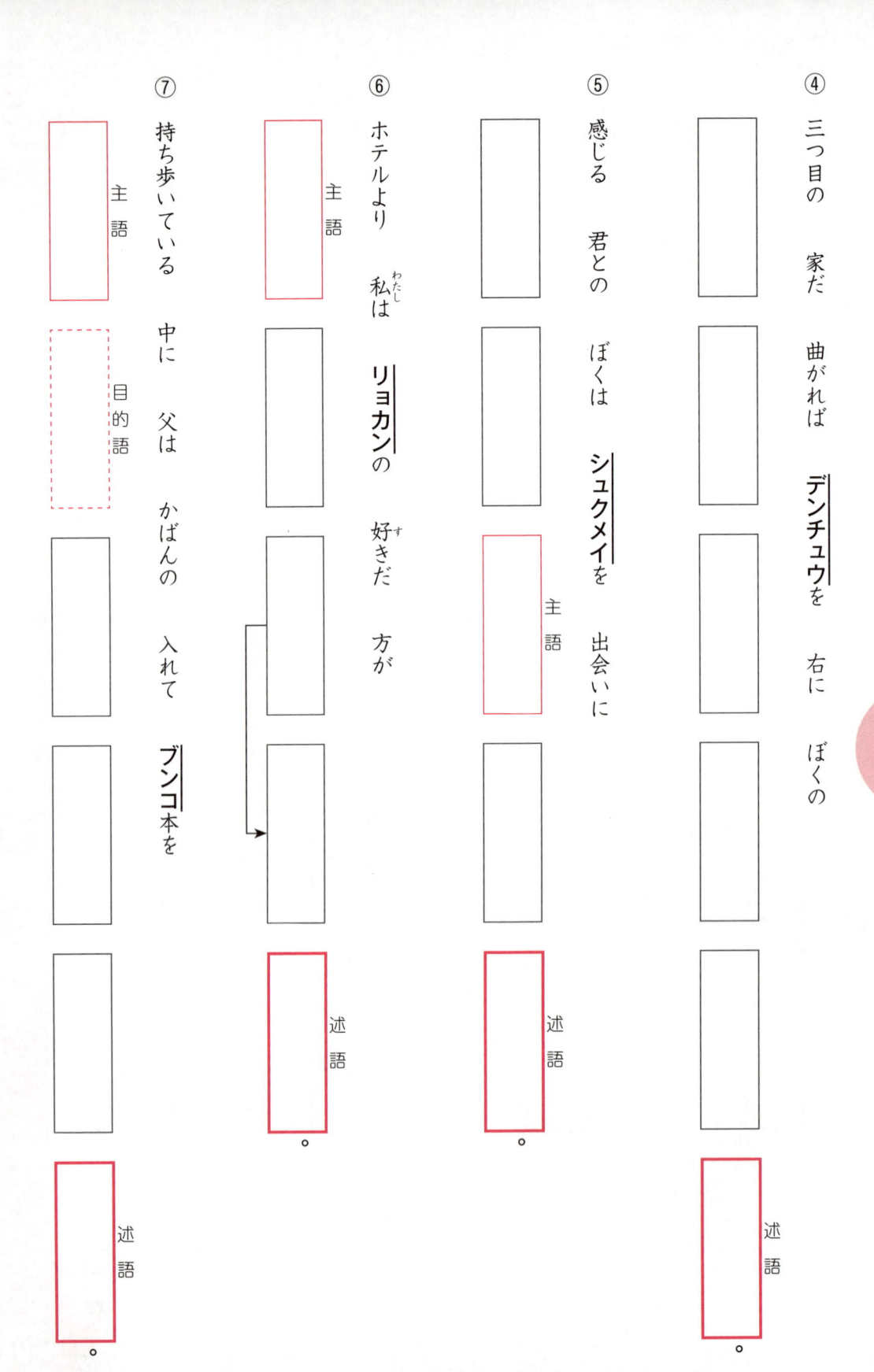

④ 三つ目の　家だ　曲がれば　**デンチュウ**を　右に　ぼくの

⑤ 感じる　君との　ぼくは　**シュクメイ**を　出会いに

⑥ ホテルより　私(わたし)は　**リョカン**の　好(す)きだ　方が

⑦ 持ち歩いている　中に　父は　かばんの　入れて　**ブンコ**本を

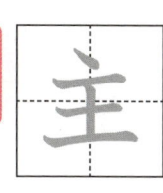

# 第1章　人に関わる名詞

## 人に関わる名詞

主君　役者
客員　族童

### STEP 1

漢字の意味を覚えましょう。

どんな人間関係なのかどんな立場の人なのか、具体的にイメージをつかみましょう。

---

**主**

- 読み：シュ　*ス　おも　ぬし
- 意味：①中心になる人　②おもな
- 例文：わが家の世帯〔ぬし〕は父です。

**君**

- 読み：クン　きみ
- 意味：①きみ、〇〇くん　②りっぱな人
- 例文：赤いハンカチは〔きみ〕の物ですか？

**役**

- 読み：ヤク　*エキ
- 意味：①やくめ
- 例文：今度の劇はあなたが主〔ヤク〕だ。

**者**

- 読み：シャ　もの
- 意味：①人をさす言葉
- 例文：弟は正直〔もの〕だ。

## 客

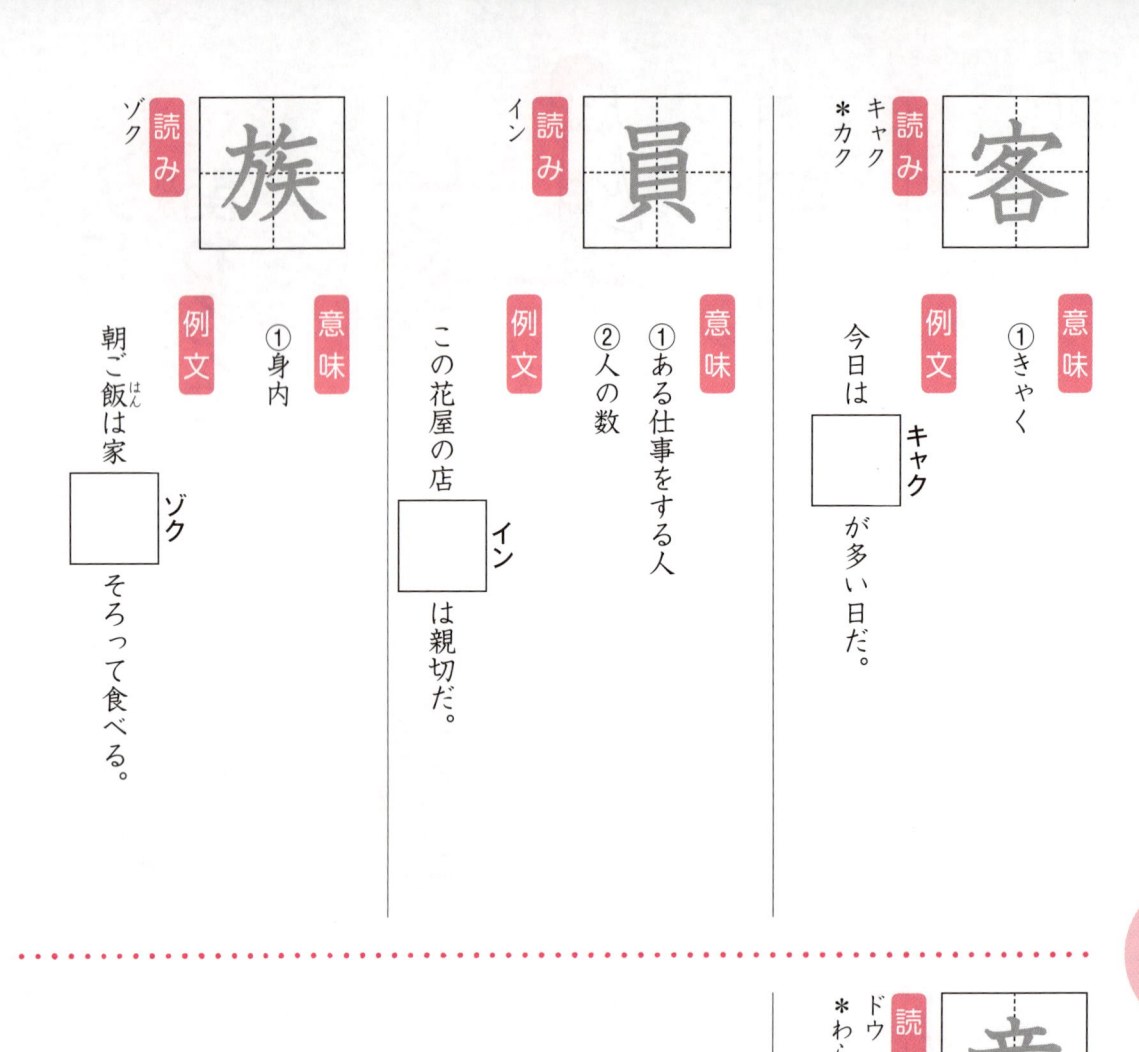

**読み**: キャク / ＊カク

**意味**: ①きゃく

**例文**: 今日は□キャクが多い日だ。

## 員

**読み**: イン

**意味**: ①ある仕事をする人 ②人の数

**例文**: この花屋の店□インは親切だ。

## 族

**読み**: ゾク

**意味**: ①身内

**例文**: 朝ご飯(はん)は家□ゾクそろって食べる。

## 童

**読み**: ドウ / ＊わらべ

**意味**: ①子ども

**例文**: 放課後(ほうかご)に児(じ)□ドウ会がある。

# STEP 2 文に合った熟語を選びましょう。

問 適切な熟語を選び、カタカナを漢字に直しなさい。

① 家庭訪問にいらっしゃった先生を（　）に通した。
キャクヒキ　キャクマ　キャクセキ

② （　）は店の責任者だ。
テンイン　シチョウ　テンシュ

③ （　）とはすぐれた王のことだ。
メイクン　ショクン　クンシ

④ ぼくの（　）は代々農家だった。
イチミ　イチゾク　カゾク

⑤ 君は幸運の（　）だ。
ハイシャ　シシャ　シメイ

⑥ 君の意見に（　）が賛成した。
ゼンブ　ゼンイン　ゼンタイ

⑦ 父は（　）にかえって遊んでいた。
ドウシン　ドウジョ　ケンシン

⑧私の母は市（　）で働いている。

ヤクシャ　ヤクショ　ヤクバ

⑨兄はボクシングの世界（　）だ。

キロク　セイハ　オウジャ

## STEP 3 言葉のきまりを守って文を作りましょう。

問　次の語句を並べかえて、一文を作りなさい。また、線の付いているカタカナは、漢字に直しなさい。

① あるので　熱が　みてもらう　イシャに　かかりつけの

熱が □ □ □ □ [述語]。

② いっぱいで　乗れない　テインに　車に　もう

□ □ □ □ [述語]。

③ 手紙では　今は　シュリュウだ　メールが　なく

□ □ □ □ [主語] [述語]。

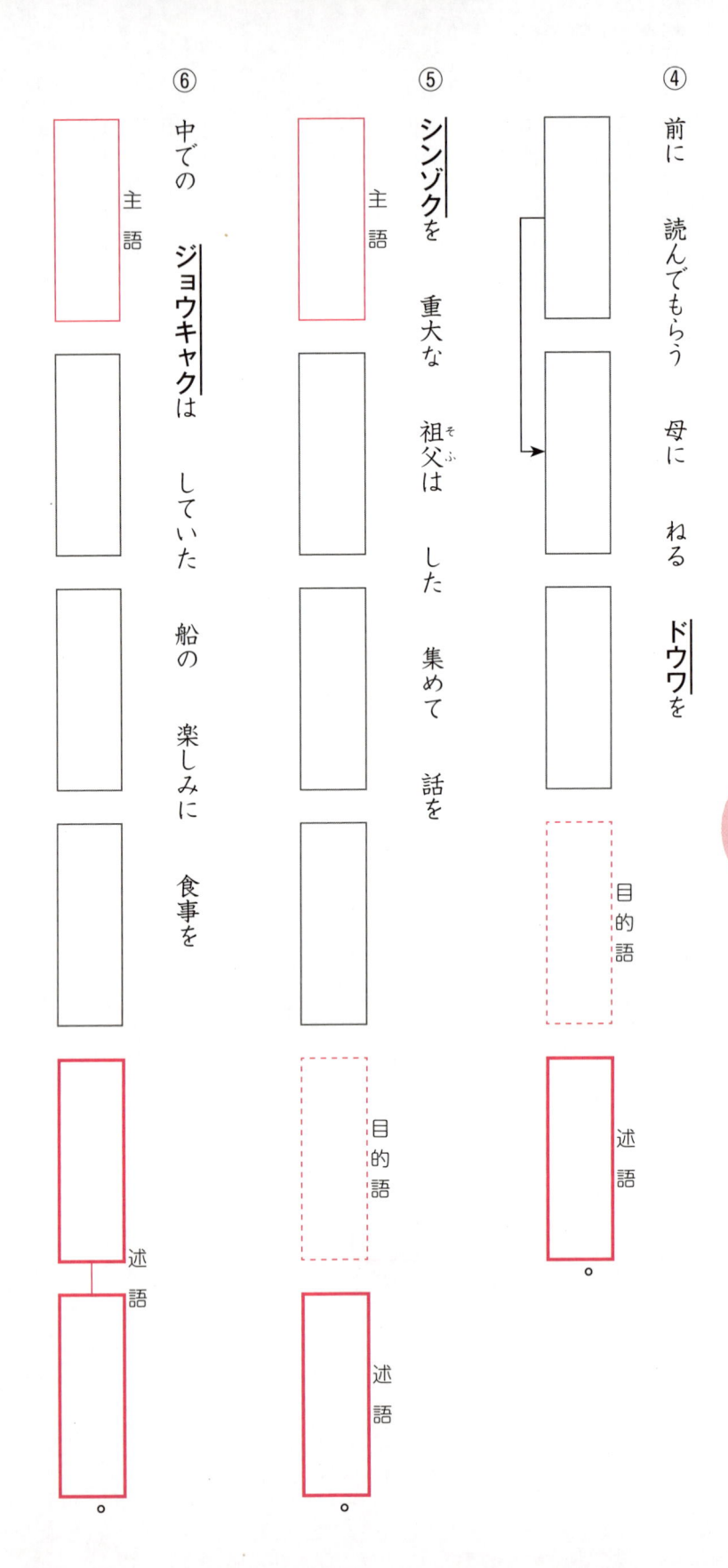

④ 前に 読んでもらう 母に ねる ドウワを □ → □ □ [目的語] [述語]。

⑤ シンゾクを 重大な 祖父(そふ)は した 集めて 話を □[主語] □ □ □ [目的語] [述語]。

⑥ 中での ジョウキャクは していた 船の 楽しみに 食事を □[主語] □ □ □ □ [述語]。

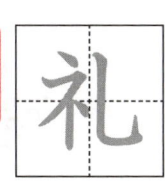

第1章　気持ちを表す名詞／考え方を表す名詞

# 気持ちを表す名詞

礼　幸　福

## STEP 1

### 漢字の意味を覚えましょう。

気持ちを表す漢字は、物語文などで重要な役割を果たします。どんな気持ちかいくつかみましょう。

### 礼

読み：レイ　*ライ

意味：
① おれい
② ぎしき

例文：おかしをもらったお[　レイ　]を言う。

### 幸

読み：コウ　さいわーい　*さち　しあわーせ

意味：① しあわせ

例文：毎日の生活の中に[　しあわ　]せはある。

### 福

読み：フク

意味：① しあわせ

例文：笑う門には[　ふく　]来たる。

# 考え方を表す名詞

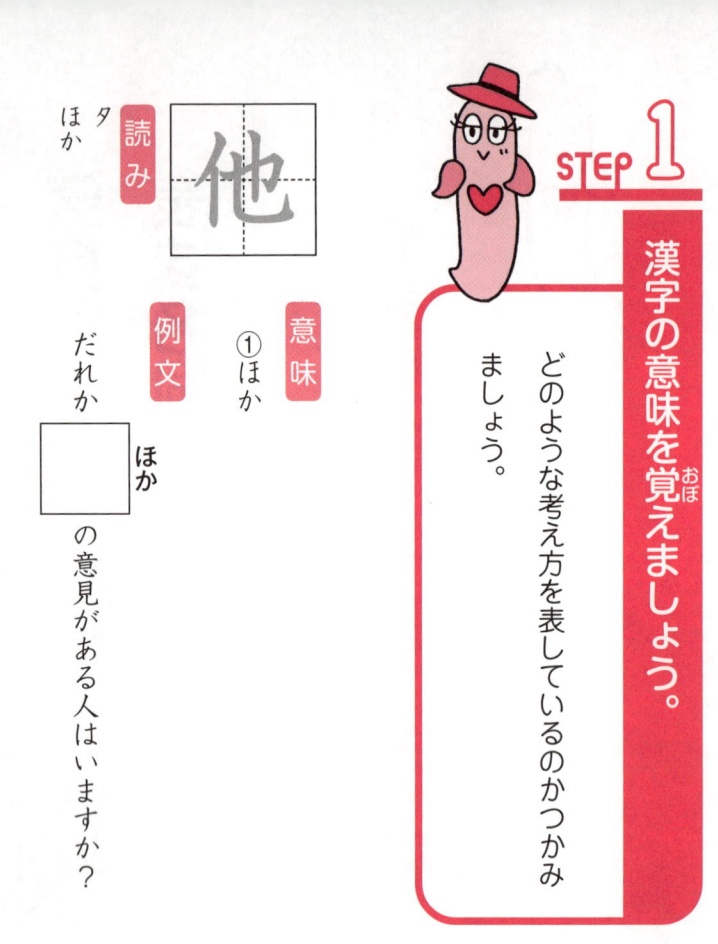

他　次

## STEP 1

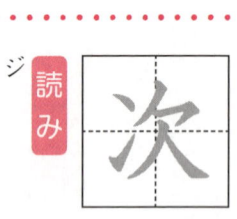

漢字の意味を覚えましょう。

どのような考え方を表しているのかつかみましょう。

---

**他**

読み　タ／ほか

意味　①ほか

例文　だれか□ほかの意見がある人はいますか？

---

**次**

読み　ジ／＊シ／つ-ぐ／つぎ

意味　①つぎ　②じゅんじょ

例文　私は国語の□つぎに算数が好きだ。

第1章 気持ちを表す名詞／考え方を表す名詞

## STEP 2 文に合った熟語（じゅくご）を選（えら）びましょう。

問 適切（てきせつ）な熟語（語）を選び、カタカナを漢字に直しなさい。

① 君とぼくとは赤の（　）だ。
タシャ　ホンニン　タニン

② うまくいくように、あなたの（　）を祈（いの）る。
タコ　フコウ　タコウ

③ うまくいくかどうかは君（　）だ。
セダイ　シダイ　シアイ

④ お客さまに失（しつ）（　）のないように気をつける。
レイ　ギョウ　ボウ

⑤ 正月早々（そうそう）（　）に当たった。
コウフク　コウウン　フクビキ

送りがなも書こう。

## STEP 3 言葉のきまりを守って文を作りましょう。

問 次の語句を並べかえて、一文を作りなさい。また、線の付いているカタカナは、漢字に直しなさい。

① 言い分は　ちがう　君の　ジゲンの　話だ

> ジゲンは「ものの見方や考え方、立場。また、そのレベル」という意味だよ。

［　　　主語　　　］は　［　　　　　　　　］　［　　述語　　］。

② かける　チョウレイで　している　号令を　私は　係を

［　　主語　　］は　［　号令を　］　［　目的語　］　［　述語　　］。

第1章　気持ちを表す名詞／考え方を表す名詞

③ クローバーは　印だ　四つ葉の **コウウン**の　　主語　　述語。

④ 有名な　**タカイ**した　作家で　宮沢賢治は　童話　三十代で　主語　述語。

⑤ **コウフク**に　いう　花よめは　六月の　なると　主語　述語。

## 単位や数に関わる名詞

両　列
級　度
倍　部

### STEP 1

漢字の意味を覚えましょう。

いろいろな単位や数え方を表す漢字です。どんなときに使うかイメージしてみましょう。

---

**両**

読み：リョウ

意味：
① 二つ
② 電車などを数える単位

例文：ごはんもパンも【リョウ】方食べたい。

---

**列**

読み：レツ

意味：
① つづいて並んでいるもの

例文：前から五【レツ】目の席に座る。

---

**度**

読み：ド／タク／たび
※タク　※たび

意味：
① 回数
② ていど
③ かくどやおんどの単位

例文：外国に一【ド】も行ったことがない。

---

**級**

読み：キュウ

意味：
① 物事のだんかい
② クラス

例文：ダンス教室の上【キュウ】コースに通う。

92

第1章　単位や数に関わる名詞

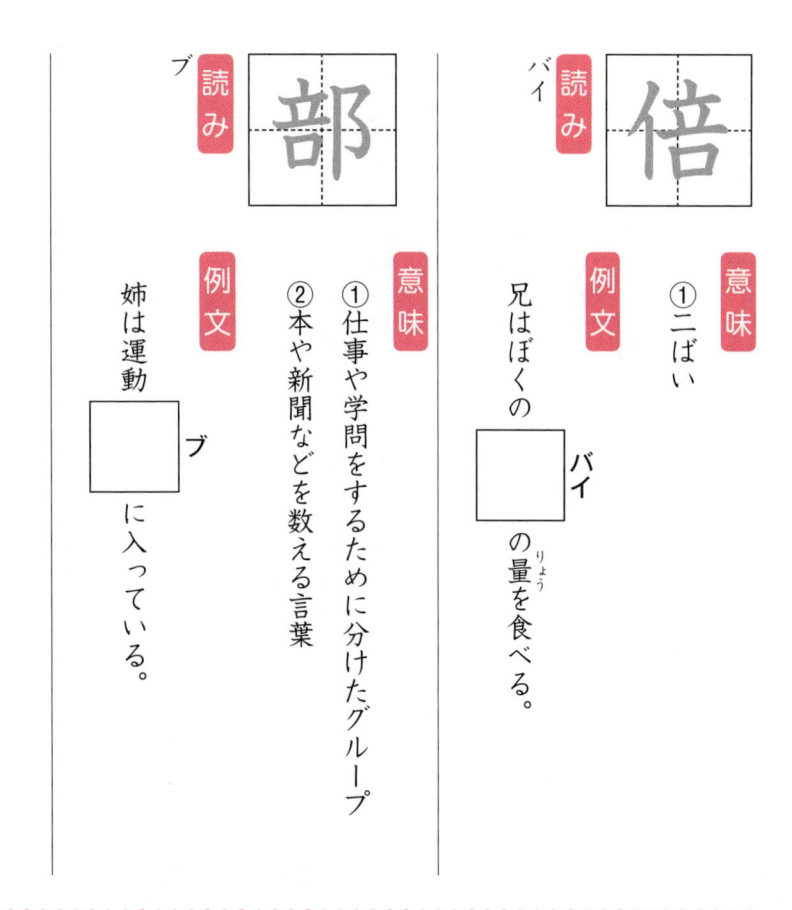

## 倍

**読み** バイ

**意味**
①二ばい

**例文**
兄はぼくの □ バイ の量(りょう)を食べる。

## 部

**読み** ブ

**意味**
①仕事や学問をするために分けたグループ
②本や新聞などを数える言葉

**例文**
姉は運動 □ ブ に入っている。

## STEP 2 文に合った熟語を選びましょう。

問 適切な熟語を選び、カタカナを漢字に直しなさい。

① 母は高校時代の（　）と出かけた。
　センユウ　キュウユウ　コウユウ

② （　）のけがでよかった。
　コウド　ジュウド　ケイド

③ 入場するのに長い（　）を作った。
　ギョウレツ　コウレツ　シレツ

④ 父の会社の（　）が遊びに来た。
　シゴト　ブイン　ブカ

⑤ 勉強と遊びを（　）させたい。
　ケンリツ　リョウホウ　リョウリツ

⑥ 彼はぼくの（　）勉強をする。
　スウバイ　タリョウ　タイリョウ

## STEP 3 言葉のきまりを守って文を作りましょう

問 次の語句を並べかえて、一文を作りなさい。また、線の付いているカタカナは、漢字に直しなさい。

① 調節する　自分の　<u>オンド</u>を　部屋の　<u>この</u>好みに

　[　主語　]　[　目的語　]　[　述語　]。

② <u>コウキュウ</u>な　持って　母は　バッグを　出かけた

　[　主語　]　[　　　]　[　述語　]。

③ じゅうだんした　<u>レットウ</u>を　兄は　日本　自転車で

　[　主語　]　[　　　]　[　目的語　]　[　述語　]。

④ **イチブ** 駅の 新聞を 売店で 買った

　[　主語　] [　目的語　] [　述語　] 。

⑤ 乗っている 電車の ぼくは **イチリョウ**目に 毎朝

　[　主語　] [　　　　] [　述語　] 。

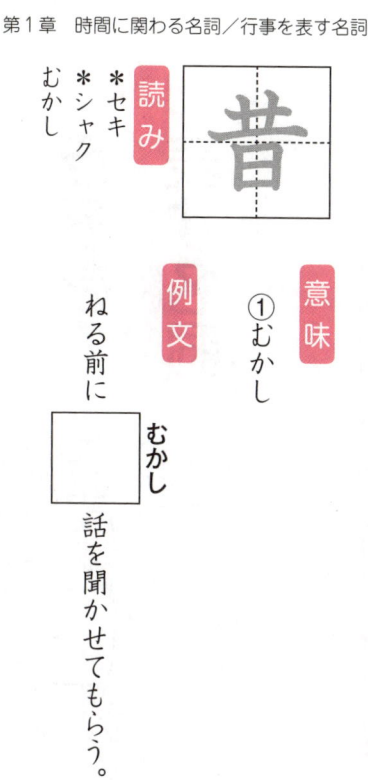

第1章　時間に関わる名詞／行事を表す名詞

# 時間に関わる名詞

昔　秒　期

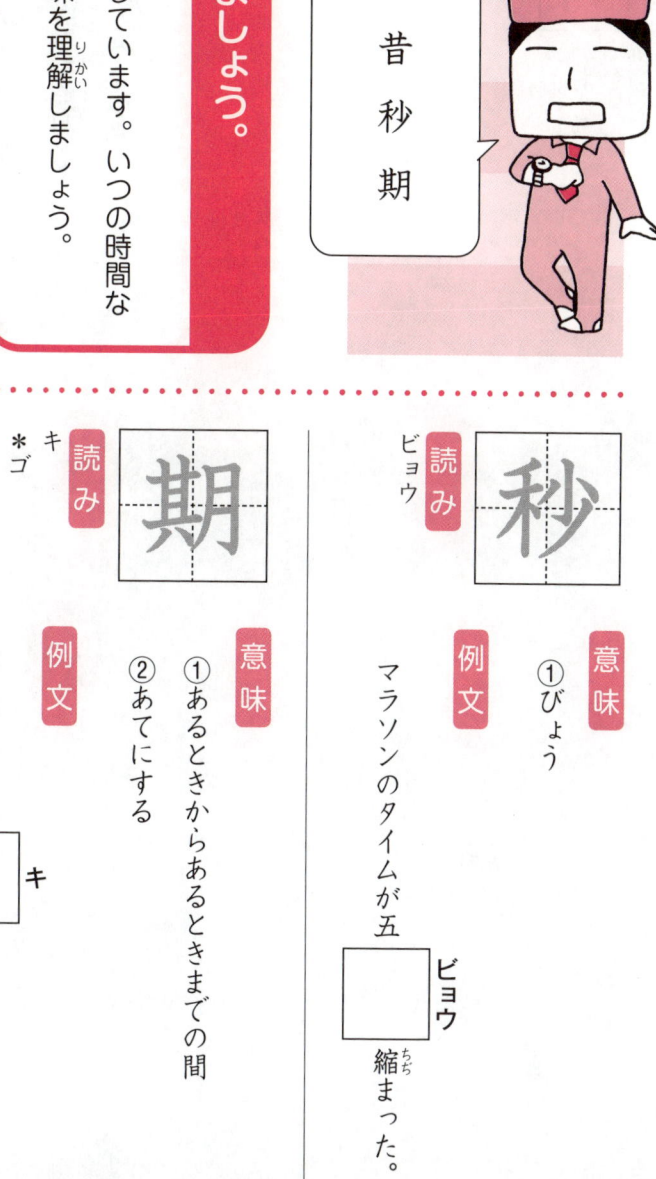

## STEP 1

### 漢字の意味を覚えましょう。

時間の流れを表しています。いつの時間なのか、漢字の意味を理解しましょう。

---

**昔**

読み
*セキ
*シャク
むかし

意味
①むかし

例文
ねる前に［むかし］話を聞かせてもらう。

---

**秒**

読み
ビョウ

意味
①びょう

例文
マラソンのタイムが五［ビョウ］縮まった。

---

**期**

読み
キ
*ゴ

意味
①あるときからあるときまでの間
②あてにする

例文
運動会は一学［キ］にある。

# 行事を表す名詞

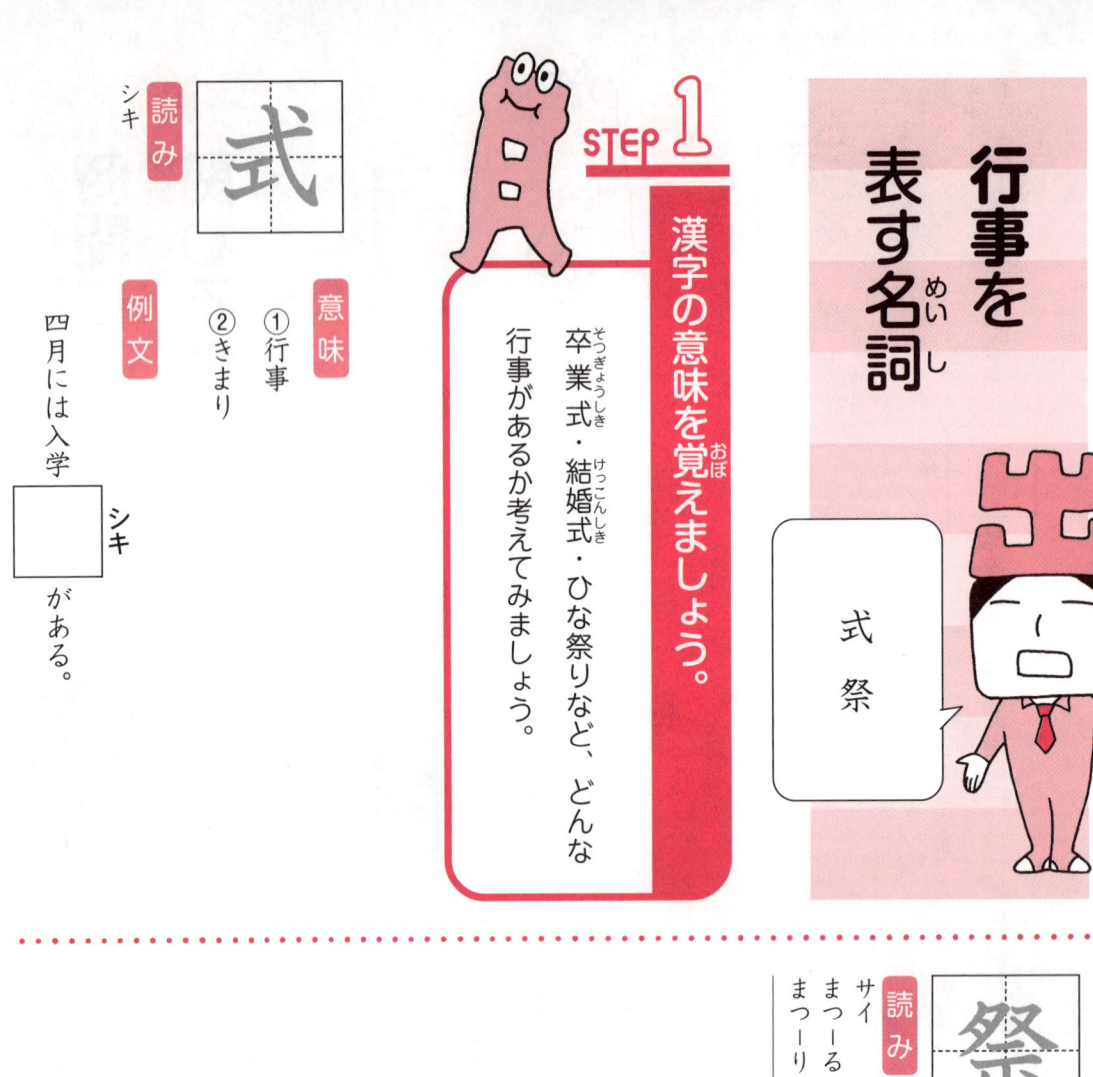

式　祭

## STEP 1

漢字の意味を覚えましょう。

卒業式・結婚式・ひな祭りなど、どんな行事があるか考えてみましょう。

### 式

- 読み　シキ
- 意味　①行事　②きまり
- 例文　四月には入学□シキ がある。

### 祭

- 読み　サイ／まつる／まつり
- 意味　①まつり
- 例文　ふるさとの□まつ りに参加する。

## STEP 2 文に合った熟語を選びましょう。

問 適切な熟語を選び、カタカナを漢字に直しなさい。

① （　）たりとも時間をむだにしたくない。
　マイビョウ　イチビョウ　ジュウビョウ

② 日曜日と（　）は休みの会社が多い。
　サイジツ　セイジツ　サイレイ

③ 君には大いに（　）している。
　キブン　セッタイ　キタイ

④ 母は（　）のかみ型をしている。
　ムカシフウ　タイフウ　オカシフウ

⑤ 成人式は市の（　）行事だ。
　コウシキ　ケイシキ　ナンシキ

# STEP 3 言葉のきまりを守って文を作りましょう。

問　次の語句を並べかえて、一文を作りなさい。また、線の付いているカタカナは、漢字に直しなさい。

① キ限は　作文を　いっぱいだ　提出する　今週

［　　　　　］主語　［　　　　　］述語

② 時計は　ない　もらった　ビョウ針が　祖父から

［　　　　　］　［　　　　　］主語　［　　　　　］述語。

③ 認めよう　君の　セイシキに　合格を

［　　　　　］　［　　　　　］　［　　　　　］目的語　［　　　　　］述語。

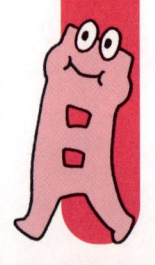

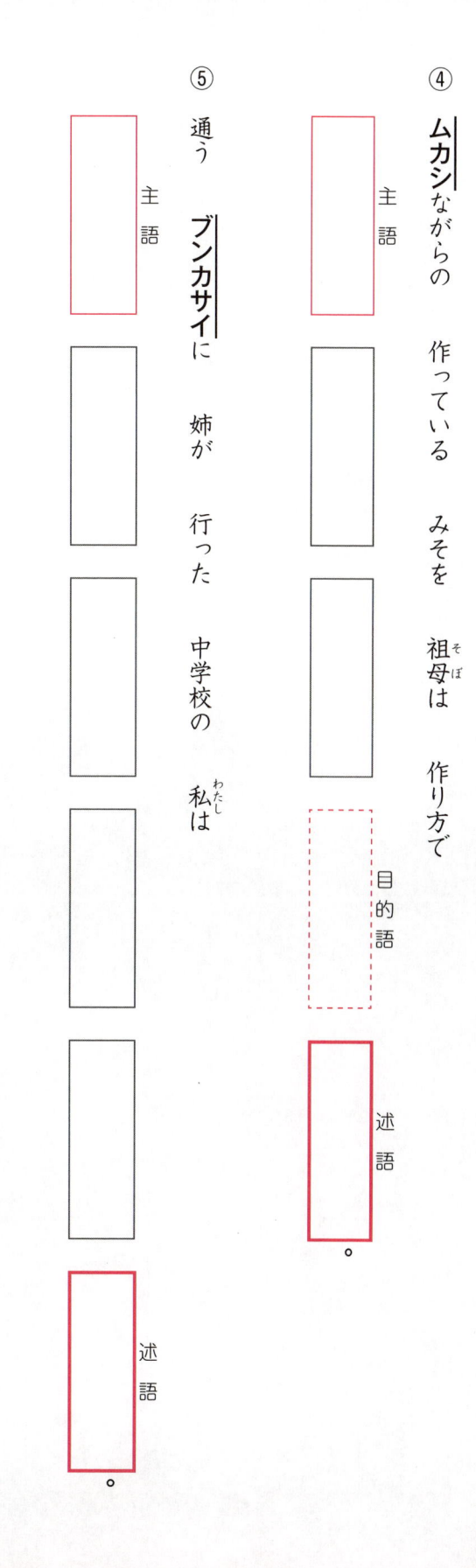

④ ムカシながらの 作っている みそを 祖母(そぼ)は 作り方で

主語 □ 目的語 述語。

⑤ 通う ブンカサイに 姉が 行った 中学校の 私(わたし)は

主語 □ □ □ 述語。

# 第2章

## 動詞の意味を持つ漢字

## 最重要漢字

化 対 返 発 動 勝 感

## STEP 1 漢字の意味を覚えましょう。

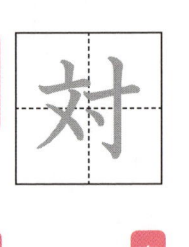

動詞の意味を持つもっとも大切な漢字なので、さまざまな場面で使われます。どんな動作を表しているかを考えましょう。

---

**化**

読み
カ
*ケ
ばーける
ばーかす

意味
①かわる

例文
タヌキが人間に□ばける。

---

**対**

読み
タイ
*ツイ

意味
①くらべる
②向かい合う

例文
サッカーの試合は三□タイ一で負けた。

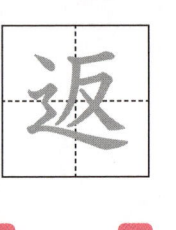

---

**返**

読み
ヘン
かえーす
かえーる

意味
①かえす

例文
図書館に本を□かえす。

---

**発**

読み
ハツ
*ホツ

意味
①出す
②明らかになる

例文
昨日の夜から□ハツ熱している。

104

## 動

**読み**
ドウ
うごーく
うごーかす

**意味**
①うごく

**例文**
つくえを教室の後ろに□うごかす。

## 勝

**読み**
ショウ
かーつ
＊まさーる

**意味**
①かつ

**例文**
運動会では白組が□かった。

## 感

**読み**
カン

**意味**
①かんじる
②気持ち

**例文**
足に痛(いた)みを□カンじる。

## STEP 2 文に合った熟語を選びましょう。

問 適切な熟語を選び、カタカナを漢字に直しなさい。

① 口だけでなく、すぐに（　）に移すべきだ。
コウイ　コウドウ　イドウ

□

② 君のいい所を（　）したよ。
ハッシン　ハッソウ　ハッケン

□

③ 何でも（　）して解決しなさい。
セワ　シュウ　タイワ

□

④ 兄のかぜが（　）した。
ショウカ　レッカ　アッカ

□

⑤ 私は（　）ゲームが好きだ。
タイケイ　タイカン　カンカク

□

⑥ 今度の試合に（　）はありますか？
ショウサン　ショウリ　シンリ

□

⑦ 昨日のメールの（　）がまだ来ない。
ヘンショ　ヘンジ　モジ

□

⑧ すすんでそうじをしたら、みんなに（　）された。

カンソウ　ドウカン　カンシン

⑨ みんなの前で自分の意見を（　）した。

ハッピョウ　ハッソウ　ハッセイ

## STEP 3 単語に分かれた問題。

第2章のSTEP 3は、文節に分けた問題だけでなく、さらに細かく単語に分けた問題も入ってくるよ。

【これまでの学習を確認しよう】
① 述語→主語の順で探す。
② 主語が省略されているときは、目的語と述語が一文の要点になる。
③ 言葉のつながり「→」によって順番が決まる。
④ 読点「、」の位置が言葉のつながりの切れ目を表している。

【助詞と助動詞の働き】
細かく分けられた単語を正しく並べるためには、助詞と助動詞の使い方が大切になってきます。

＊助詞の働き＊
他の言葉にくっつくことで、主語・目的語になったり、説明するものになったりします。他の言葉にくっついても形は変わりません。

例
ぼく は 〈主語〉　小学四年生だ。

ぼくは カレー を 〈目的語〉 食べる。

ぼくは 母 と 〈説明〉 遊園地 へ 〈説明〉 行った。

## ＊助動詞の働き＊

文の終わりの言葉にくっつくことが多く、文の意味を決めるのに大切な働きをします。くっつく言葉によって形が変わります。

例

昨日は 運動会だっ[過去]た。

これは ぼくの 本[断定]だ。

新しい おもちゃを 買い[希望]たい。

このように、助詞と助動詞にはたくさんの種類があります。
意味のつながりを考えて使うようにしましょう。

## 【述語の特ちょう】

述語は一つの語でできていることよりも、二つ以上の語がくっついてできていることが多いのです。

例

ぼくは 毎朝 [述語 走る]。（一語）

ぼくは 明日も [述語 走る だろう]。（二語）

ぼくは 昨日 [述語 走ら なかっ た]。（三語）

## 【二つ以上の単語でできている主語と述語】

第２章のSTEP3では、主語や述語が複数の単語からできている場合は、□□と□□、と表しています。□□は言葉がつながっていると考えてください。

例

[主語 ぼく は] [マラソン 大会 で 一位 だっ た 述語]。

どの語とどの語がくっついているのかを考えながら問題を解きましょう。

109

問　次の語句を並べかえて、一文を作りなさい。また、線の付いているカタカナは、漢字に直しなさい。

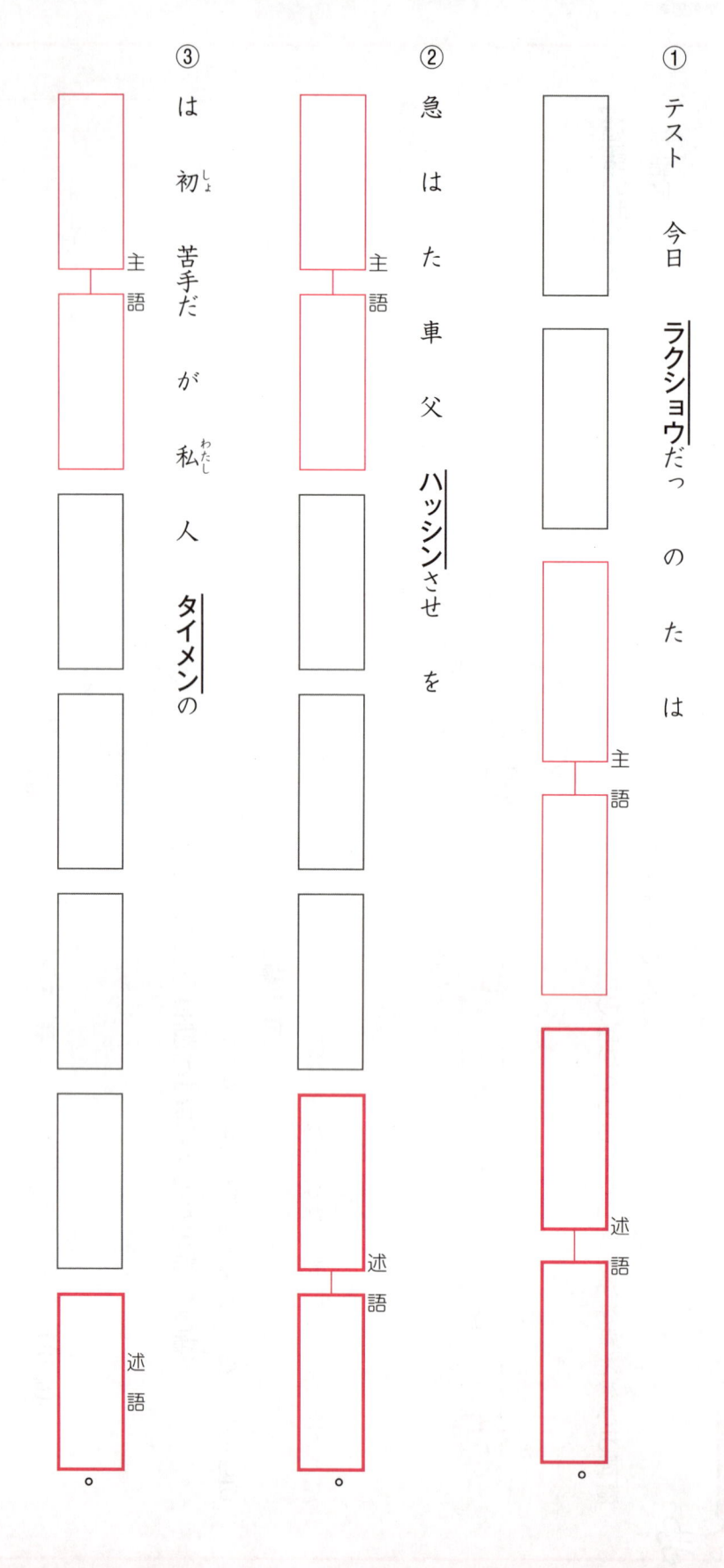

① テスト　今日　**ラクショウ**だっ　の　た　は

② 急　は　た　車　父　**ハッシン**させ　を

③ は　初苦手だ　が　私　人　**タイメン**の

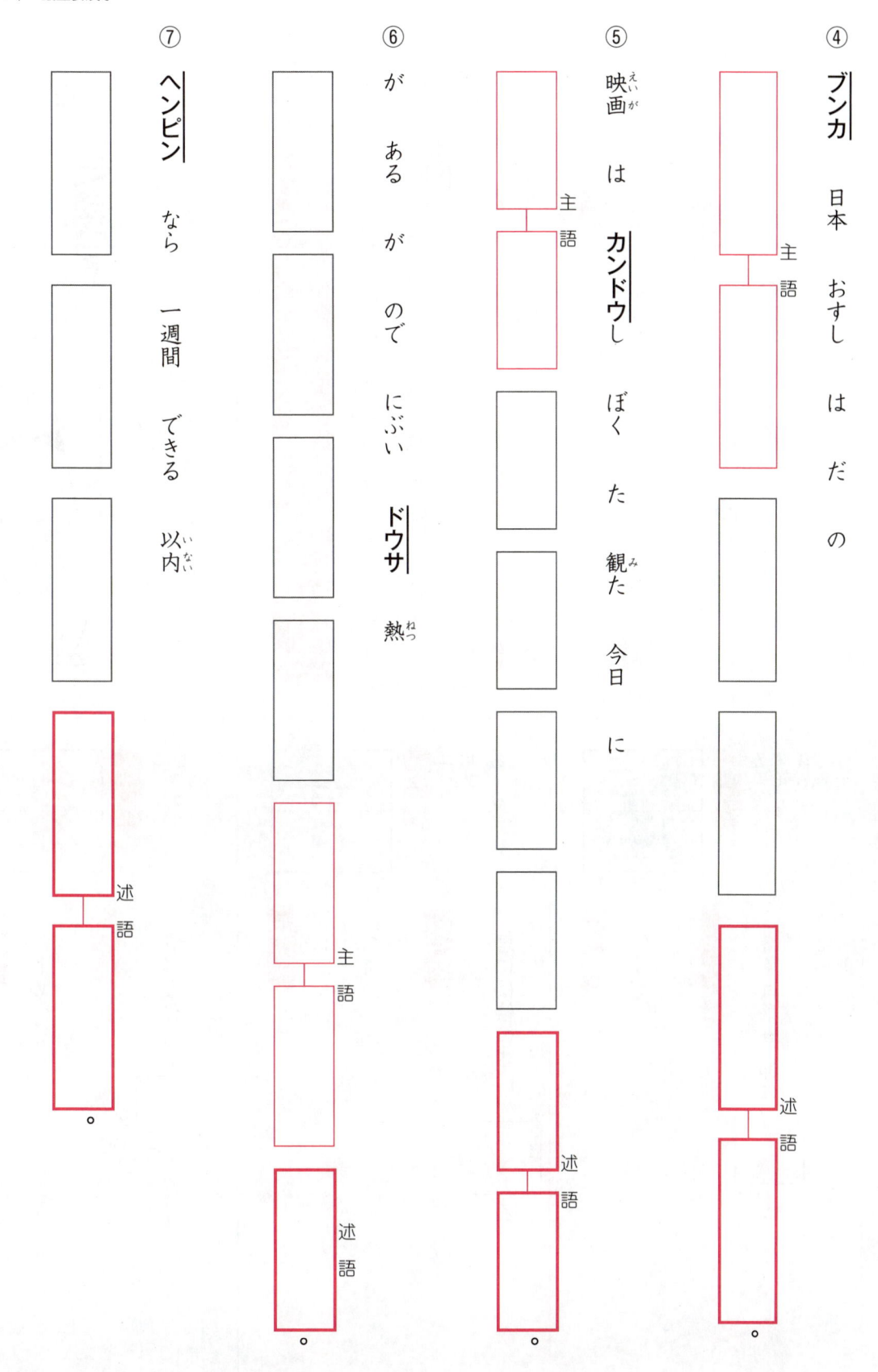

④ ブンカ　日本　おすし　は　だ　の　[主語]　[述語]。

⑤ 映画　は　カンドウし　ぼく　た　観た　今日　に　[主語]　[述語]。

⑥ が　ある　が　ので　にぶい　ドウサ　熱　[主語]　[述語]。

⑦ ヘンピン　なら　一週間　できる　以内　[述語]。

# 重要漢字

写死有住育
使始負終遊

## STEP 1 漢字の意味を覚えましょう。

最重要に続いて動詞の意味を持つ大切な漢字です。よく使われるものばかりなので、しっかり覚えましょう。

---

### 写

**読み** シャ／うつす／うつる

**意味** ①うつしとる

**例文** 教科書の文章をノートに□うつす。

---

### 死

**読み** シ／しーぬ

**意味** ①しぬ

**例文** 有名な作家が□しんだ。

---

### 有

**読み** ユウ／*ウ／あーる

**意味** ①ある　②持つ

**例文** 君には絵の才能が□ある。

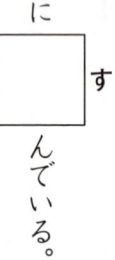

---

### 住

**読み** ジュウ／すーむ／すーまう

**意味** ①すむ

**例文** ぼくは東京都に□すんでいる。

112

## 育

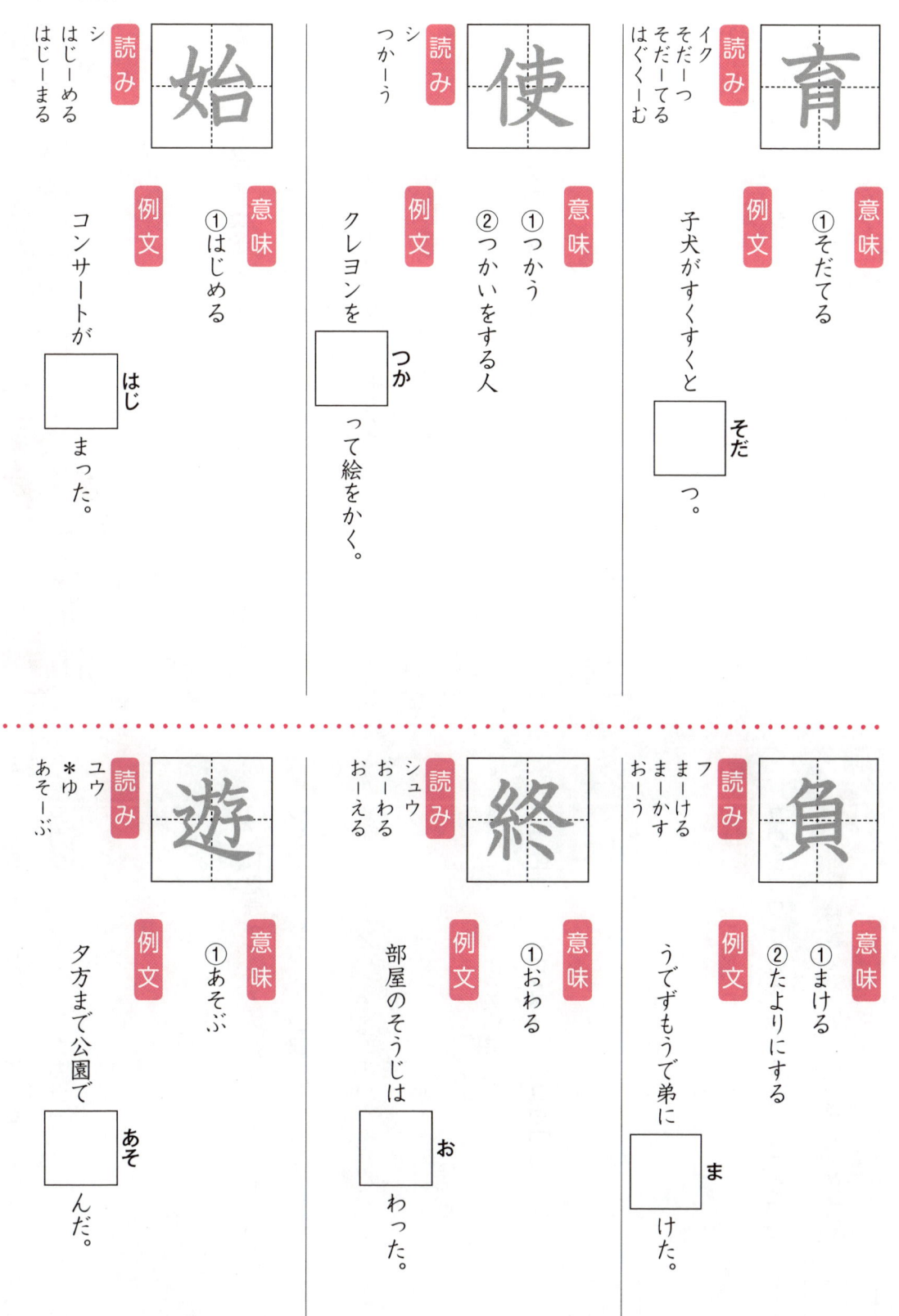

**読み**
- イク
- そだーつ
- そだーてる
- はぐくーむ

**意味**
① そだてる

**例文**
子犬がすくすくと □そだ つ。

## 使

**読み**
- シ
- つかーう

**意味**
① つかう
② つかいをする人

**例文**
クレヨンを □つか って絵をかく。

## 始

**読み**
- シ
- はじーめる
- はじーまる

**意味**
① はじめる

**例文**
コンサートが □はじ まった。

## 負

**読み**
- フ
- まーける
- まーかす
- おーう

**意味**
① まける
② たよりにする

**例文**
うでずもうで弟に □ま けた。

## 終

**読み**
- シュウ
- おーわる
- おーえる

**意味**
① おわる

**例文**
部屋のそうじは □お わった。

## 遊

**読み**
- ユウ
- *ゆ
- あそーぶ

**意味**
① あそぶ

**例文**
夕方まで公園で □あそ んだ。

## STEP 2 文に合った熟語を選びましょう。

問 適切な熟語（語）を選び、カタカナを漢字に直しなさい。

① おじはりっぱな（　）者だ。
　キョウジュ　ハツイク　キョウイク

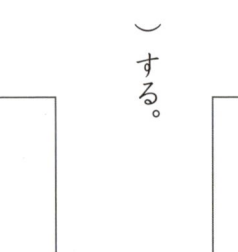

② コスモスの花をスケッチブックに（　）する。
　フクシャ　シャシン　シャセイ

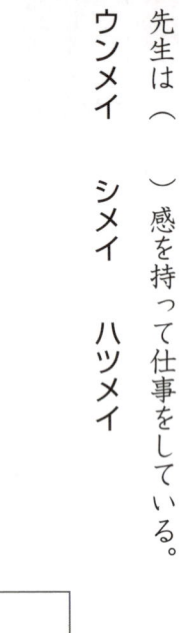

③ 先生は（　）感を持って仕事をしている。
　ウンメイ　シメイ　ハツメイ

④ ぼくの位置からは（　）になっていて見えない。
　シカク　タカク　カカク

⑤ ぼくは勉強ができる方だと（　）している。
　ジシン　ジガ　ジフ
　▼自分の力を信じているんだね。

⑥ 彼は（　）なお笑い芸人だ。
　ユウエキ　ユウメイ　ユウコウ

⑦ 私は（　）の美をかざった。
　ユウシュウ　サイシュウ　ユウショウ
　▼物事を最後までやり通して立派におわらせるという意味だよ。

⑧ 人の生活に必要な条件は、衣食（　）だ。
イエ　ベン　ジュウ

⑨ 今日は波が高いから（　）禁止だ。
ユウエイ　ユウラン　ユウコウ

⑩ 君は（　）ぶつぶつ言ってうるさい。
シハツ　シジュウ　イジュウ

「いつも」という意味の言葉が入るよ。

# STEP 3 言葉のきまりを守って文を作りましょう

問　次の語句を並べかえて、一文を作りなさい。また、線の付いているカタカナは、漢字に直しなさい。

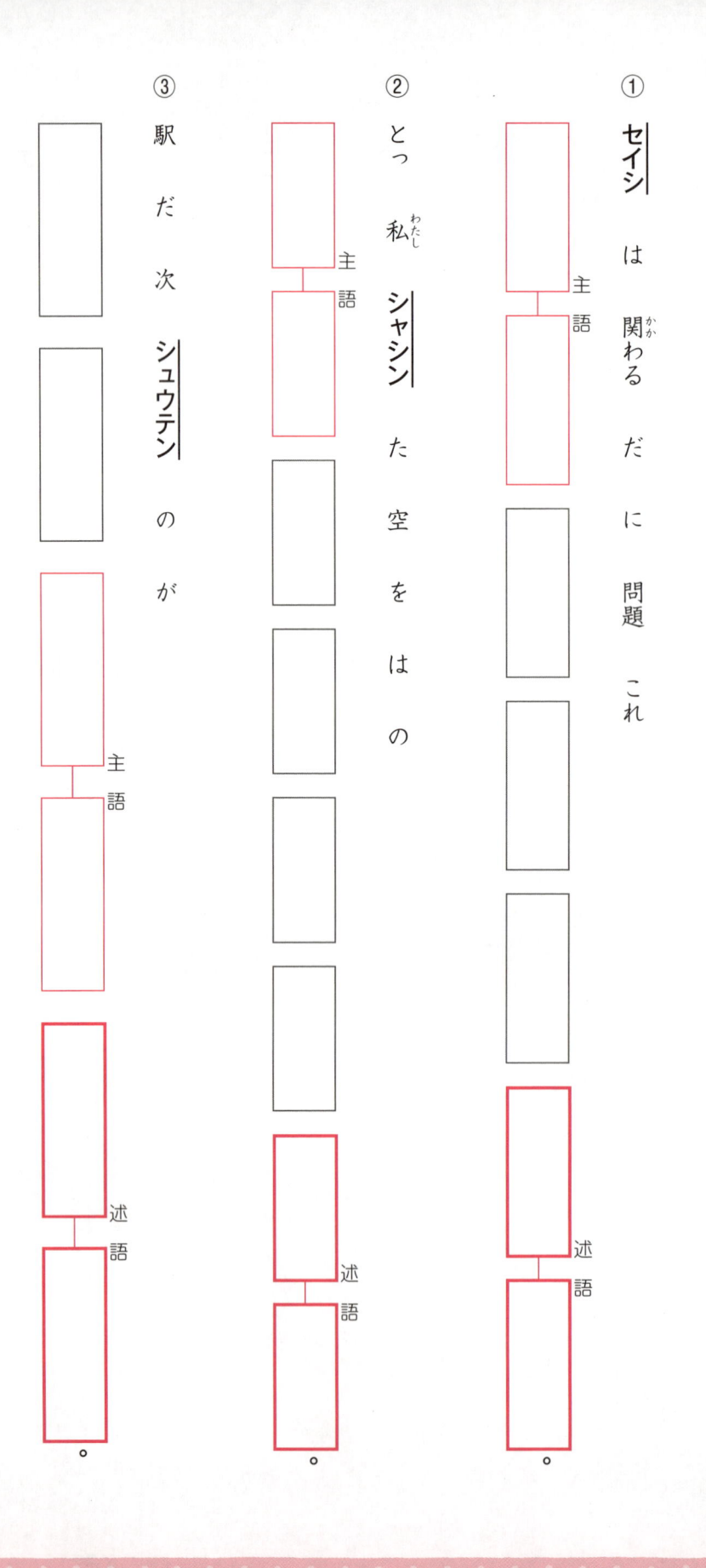

① セイシ は 関わる だに 問題 これ

（主語・述語）

② とっ 私 シャシン た 空 を は の

（主語・述語）

③ 駅 だ 次 シュウテン の が

（主語・述語）

第2章 重要漢字

④ とても となり は 親切だ の **ジュウニン**　主語　　述語

⑤ と の **ショウブ** ここから は とだ君 ぼく　主語　ぼく　述語

⑥ 車 三台 いる を ぼく **ショウユウ**して のは 父　主語　目的語　述語

⑦ た 一週間 首相 ほど は **ガイユウ**し　主語　述語。

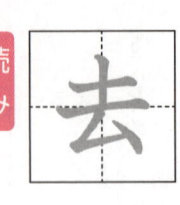

# 動作を表す動詞①

去 曲 向 泳
持 起 飲 開

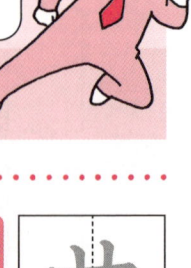

## STEP 1
漢字の意味を覚えましょう。

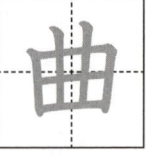

さまざまな動作を表す漢字です。どんな動作なのか、具体的にイメージしましょう。

### 去
読み　キョ・コ／さーる
意味　①すぎさる　②なくす
例文　ランナーが目の前を走り[　]さった。

### 曲
読み　キョク／まーがる・まーげる
意味　①まげる　②音楽のふしや作品
例文　はり金を[　]まげる。

### 向
読み　コウ／むーく・むーかう・むーこう
意味　①むく
例文　名前を呼ばれてふり[　]むく。

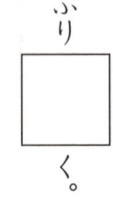

### 泳
読み　エイ／およーぐ
意味　①およぐ
例文　学校のプールで[　]およぐ。

第2章　動作を表す動詞①

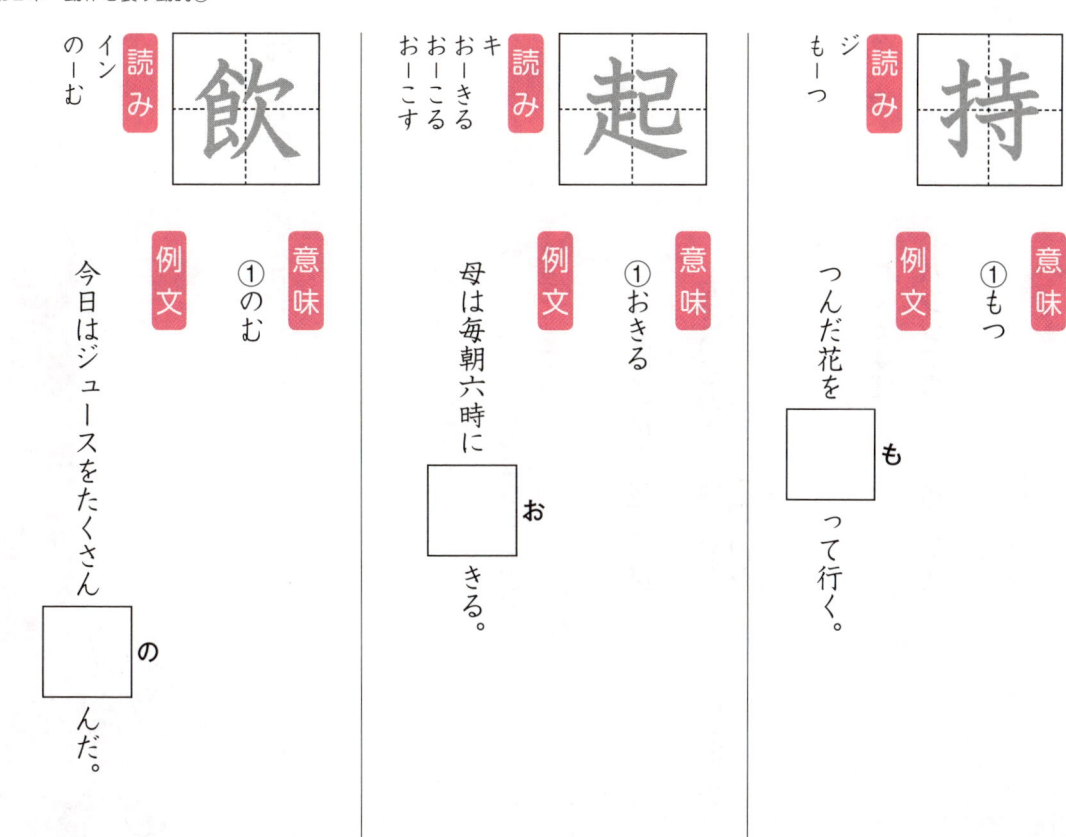

## 持

**読み**　ジ　もーつ

**意味**　①もつ

**例文**　つんだ花を□もって行く。

## 起

**読み**　キ　おーきる　おーこる　おーこす

**意味**　①おきる

**例文**　母は毎朝六時に□おきる。

## 飲

**読み**　イン　のーむ

**意味**　①のむ

**例文**　今日はジュースをたくさん□のんだ。

## 開

**読み**　カイ　ひらーく　あーく　あーける

**意味**　①あける　②ひらく

**例文**　部屋の窓(まど)を□あける。

# STEP 2 文に合った熟語を選びましょう。

問 適切な熟語を選び、カタカナを漢字に直しなさい。

① 学校ではお金を（　）してはいけない。
　ショユウ　ショリ　ショジ

　ショユウとショジを漢字で書こう。
　意味に合わせて
　・大きいものや高価なものを自分の自由にできるものとしてもっている
　・具体的なものを身につけてもっている

② 君には（　）心がある。
　シンガク　ハンジョウ　コウジョウ

③ ぼくは困難を（　）した。
　ダカイ　ハカイ　セイカイ

④ メールの文字を（　）する。
　ジョキョ　テッキョ　ショウキョ

⑤ 父は会社で重要な役に（　）された。
　キョウ　シンヨウ　キリツ

　今までやっていない仕事につかされたんだね。

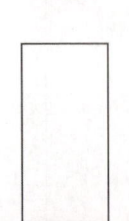

⑥ （　）ではクロールが得意だ。
　スイミン　スイエイ　スイヨウ

⑦ ホールでは（　）は禁止だ。
シショク　ムショク　インショク

⑧ 父の車は（　）美がすばらしい。
テンセン　ボウセン　キョクセン

⑨ 大型(おおがた)のスーパーが新しく（　）した。
カイテン　カイカイ　カイツウ

## STEP 3 言葉のきまりを守って文を作りましょう

問 次の語句を並べかえて、一文を作りなさい。また、線の付いているカタカナは、漢字に直しなさい。

① ジビョウ の 腰痛 は だ 父

② ある 心 には コウガク 君 が

③ キリツ し 先生 た 来た ので が

④ キョネン のびより背（せ）がたが2センチ　　　　主語　　　　述語。

⑤ 今年が見事に桜（さくら）カイカしたも　　　主語　　　　述語。

⑥ 歌をコンサートたでキョクモク決め　　　　　　　　　述語。

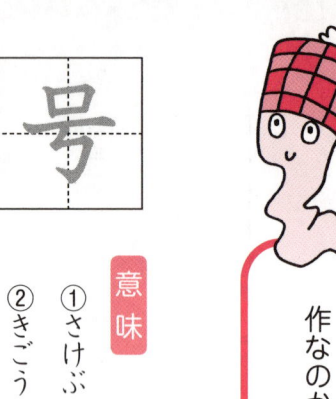

# 動作を表す動詞②

号申取拾
乗消進集

## STEP 1
漢字の意味を覚えましょう。

さまざまな動作を表す漢字です。どんな動作なのか、具体的にイメージしましょう。

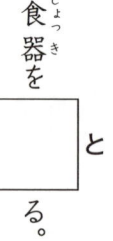

### 号
- 読み：ゴウ
- 意味：①さけぶ ②きごう
- 例文：先生は□ゴウ令（れい）をかけた。

### 申
- 読み：*シン／もうーす
- 意味：①もうす
- 例文：私（わたし）は田中と□もうします。

### 取
- 読み：シュ／とーる
- 意味：①とる
- 例文：たなから食器（しょっき）を□とる。

### 拾
- 読み：*シュウ／*ジュウ／ひろーう
- 意味：①ひろう
- 例文：駅で落とし物を□ひろう。

124

第2章　動作を表す動詞②

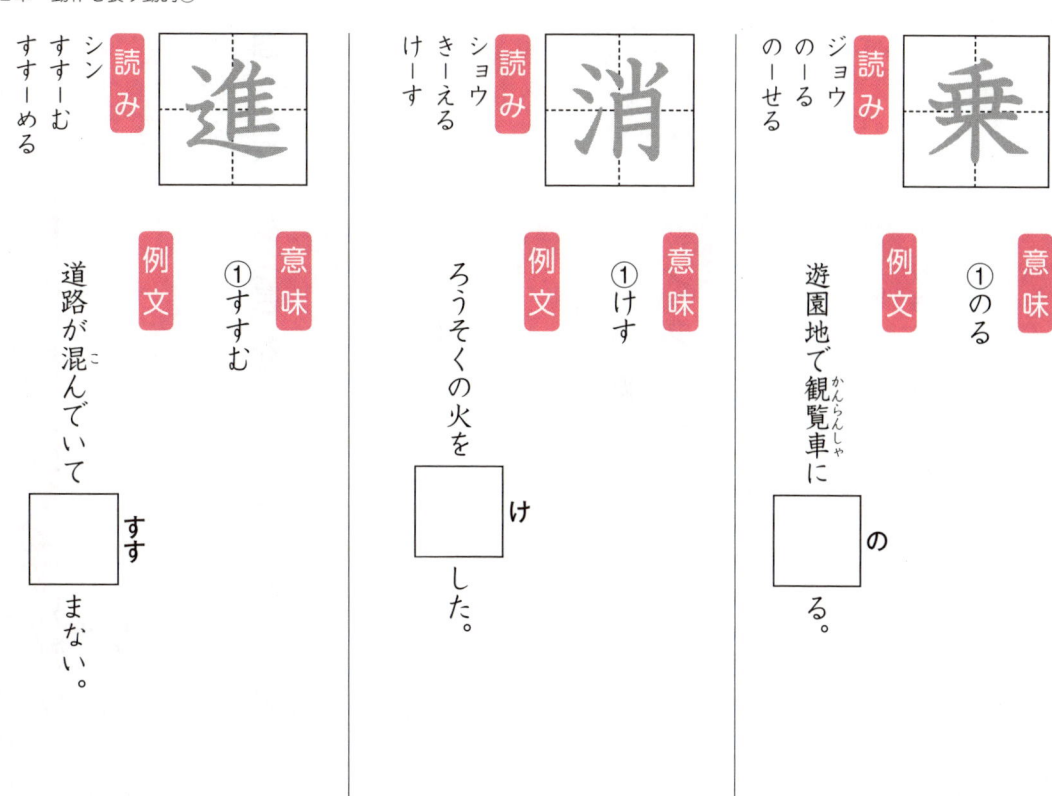

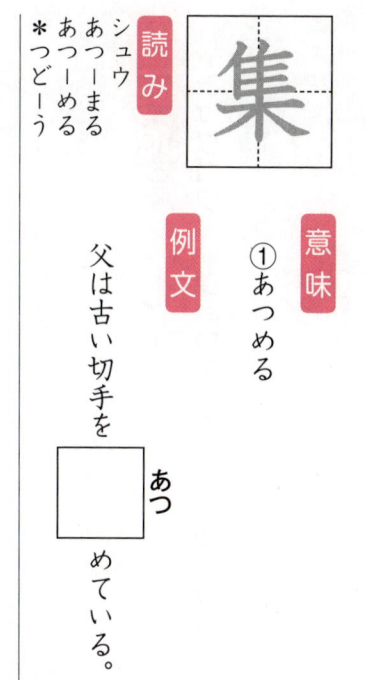

## 乗

**読み** ジョウ／の-る／の-せる

**意味** ①のる

**例文** 遊園地で観覧車に□(の)る。

## 消

**読み** ショウ／き-える／け-す

**意味** ①けす

**例文** ろうそくの火を□(け)した。

## 進

**読み** シン／すす-む／すす-める

**意味** ①すすむ

**例文** 道路が混んでいて□(すす)まない。

## 集

**読み** シュウ／あつ-まる／あつ-める／*つど-う

**意味** ①あつめる

**例文** 父は古い切手を□(あつ)めている。

## STEP 2 文に合った熟語を選びましょう。

問 適切な熟語（語）を選び、カタカナを漢字に直しなさい。

① 物を（　）ったら、交番に届けなさい。
　オモ　ケ　ヒロ

② ぼくは（　）方向を変えた。
　シンポ　シンコウ　ショウメン

③ 父は船の（　）だ。
　テイイン　ジョウイン　タイイン

④ 名前を（　）こみ用紙に記入した。
　ウエ　カケ　モウシ
　（送りがなも書こう。）

⑤ 応えんしている野球チームが（　）点をとった。
　センシュ　トウシュ　センコウ

⑥ 彼の（　）は不明だ。
　ショウシツ　ショウメツ　ショウソク

⑦ 校庭に全員（　）しなさい。
　シュウゴウ　シュウチュウ　ケッシュウ

⑧ マンガを（　）順に並べた。

バンゴウ　アンゴウ　レンゴウ

⑨ 今日の売り上げを（　）する。

シュウゴウ　カイケイ　シュウケイ

## STEP 3 読点の役割について。

読点には、言葉のつながりを切る役割があるよ。だから、読点をはさんだ上下の言葉はつながらないんだ。

(例) ししゅうのしてあるバッグの中のハンカチを取り出した。

この例では、ししゅうのしてあるのは、「バッグ」なのか「ハンカチ」なのか分かりません。

---

では、次の例を見てみましょう。

(例) ししゅうのしてある、バッグの中のハンカチを取り出した。

読点をつけると、「ししゅうのしてある」はすぐ下の「バッグ」にはつながらなくなります。

「ししゅうがしてあるのはハンカチね。」

また、一つの文の中に主語や述語が二つずつある場合なども、読点を使って言葉のつながりを切ります。

(例) [兄は]主語 [中学生で]述語、[ぼくは]主語 [小学生だ]述語。

128

第2章 動作を表す動詞②

問 次の語句を並べかえて、一文を作りなさい。また、線の付いているカタカナは、漢字に直しなさい。

① らしい サル <u>シンカ</u>し 人間 た の は から 仲間

② を <u>ト</u>り消し の レストラン た 予約

③ で を 正しい <u>キゴウ</u> なさい もの 答え

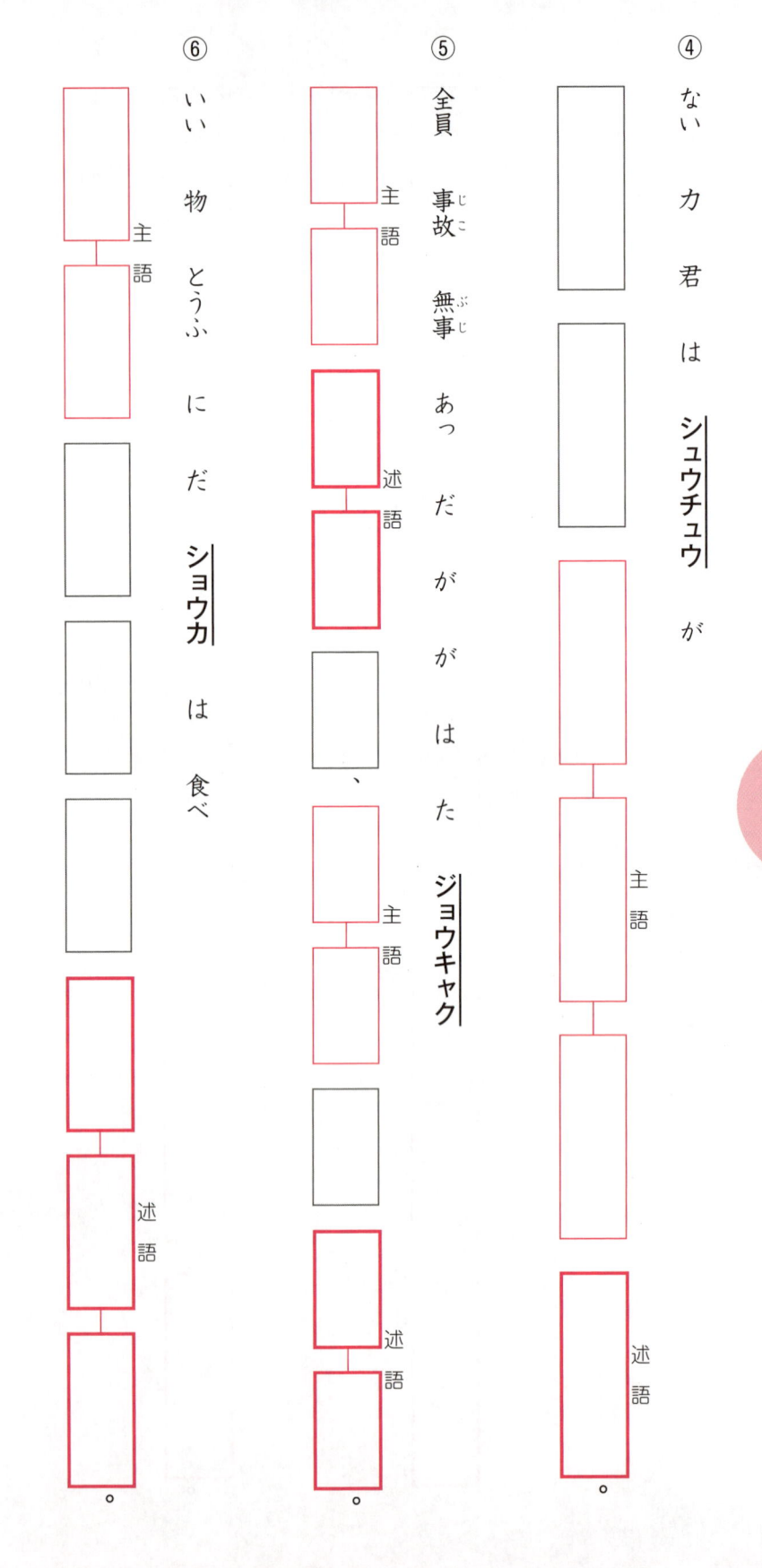

④ カ君は **シュウチュウ**[主語]が[述語]ない。

⑤ 全員 事故 無事 あっ だ が が は た **ジョウキャク**[主語]、[述語]

⑥ いい 物 とうふ に だ **ショウカ** は 食べ[主語][述語]。

第2章　動作を表す動詞③

# 動作を表す動詞③

打 代 送 待 着 談 整

## STEP 1　漢字の意味を覚えましょう。

さまざまな動作を表す漢字です。どんな動作なのか、具体的にイメージしましょう。

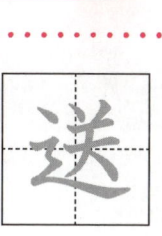

### 打

**読み**　ダ／うーつ

**意味**
①うつ
②意味を強める言葉

**例文**　転んで腰を□った。

### 代

**読み**　ダイ／タイ／かーわる／*しろ／よ

**意味**
①かわる
②じだい

**例文**　先生の□かわりに教科書を読む。

### 送

**読み**　ソウ／おくーる

**意味**
①おくる

**例文**　友達にメールを□おくる。

### 待

**読み**　タイ／まーつ

**意味**
①まつ

**例文**　停留所でバスを□まつ。

131

## 着

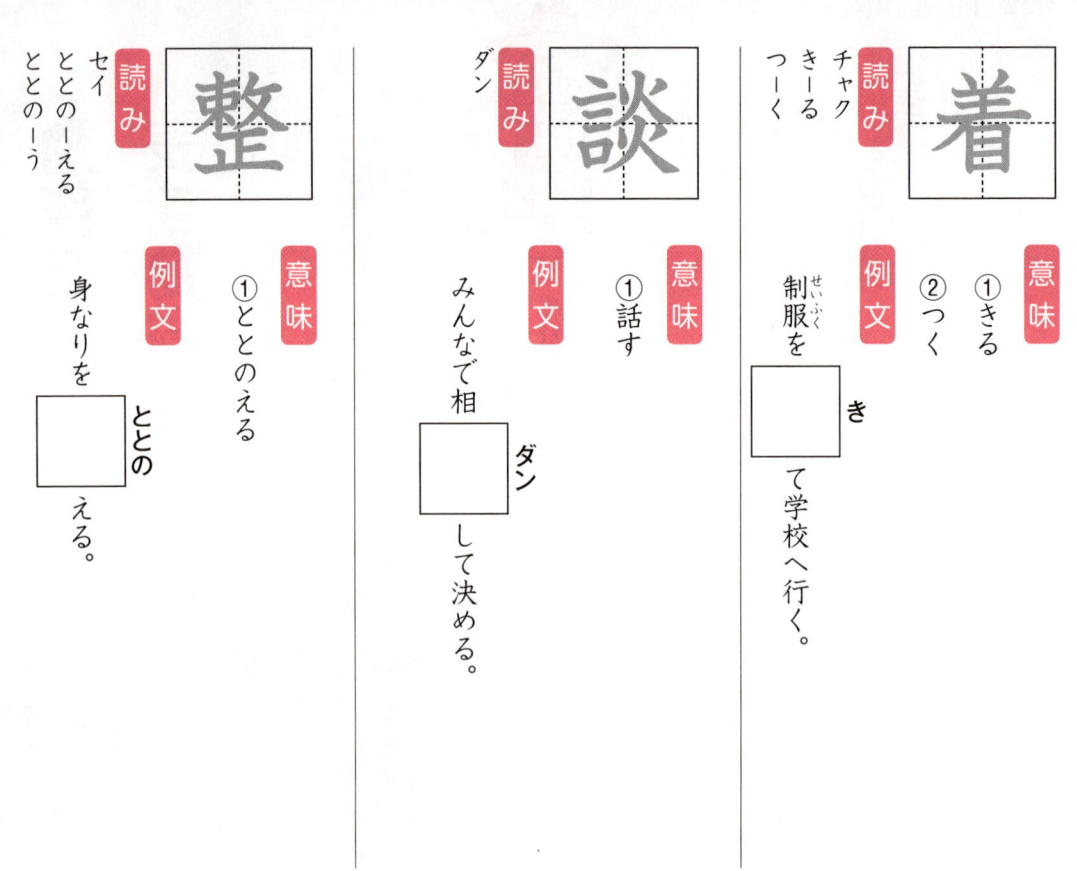

**読み** チャク／きーる／つーく

**意味**
① きる
② つく

**例文** 制服を□きて学校へ行く。
（せいふく）

## 談

**読み** ダン

**意味**
① 話す

**例文** みんなで相□ダンして決める。

## 整

**読み** セイ／ととのーえる／ととのーう

**意味**
① ととのえる

**例文** 身なりを□ととのえる。

## STEP 2 文に合った熟語を選びましょう。

問 適切な熟語を選び、カタカナを漢字に直しなさい。

① よい結果になることを（　）した。
　ツイキュウ　シュウトク　キタイ

② 今日こそ君と（　）をつけよう。
　ケツイ　ケッチャク　ケッシン

③ （　）がのびてホームランになった。
　ダキュウ　ダジュン　ダセキ

④ 生産地の農家から（　）便が届いた。
　チョクソウ　ウンソウ　チョクセツ

⑤ ロッカーの中を（　）する。
　セイビ　セイリ　セイケイ

⑥ どんどん（　）交代が進んでいる。
　マダイ　セダイ　シダイ

⑦ 先生と親と三人で（　）した。
　マンダン　メンダン　カイダン

## STEP 3 言葉のきまりを守って文を作りましょう

問 次の語句を並べかえて、一文を作りなさい。また、線の付いているカタカナは、漢字に直しなさい。

① コウタイし から た つかれ よう

② 的だ の 行動 君 は ダサン

③ チョウセイし 寒い 温度 部屋 の で た のを

第2章 動作を表す動詞③

④ ては 会社 **ウンソウ** いる 兄 で 働い
主語 述語

⑤ **チャクジツ**に いる は 君 進歩し て
主語 述語

# 動作を表す動詞④

投注放追配転登

## STEP 1 漢字の意味を覚えましょう。

さまざまな動作を表す漢字です。どんな動作なのか、具体的にイメージしましょう。

### 投

**読み** トウ／なーげる

**意味**
①なげる
②おくり入れる

**例文** ボールを遠くまで□なげる。

### 注

**読み** チュウ／そそーぐ

**意味**
①そそぐ
②集める

**例文** 花びんに水を□そそぐ。

### 放

**読み** ホウ／はなーす／はなーれる／ほうーる

**意味**
①はなす
②出す

**例文** つった魚を川に□はなす。

### 追

**読み** ツイ／おーう

**意味**
①あとをおう

**例文** 犯人を□おいかける。

第2章　動作を表す動詞④

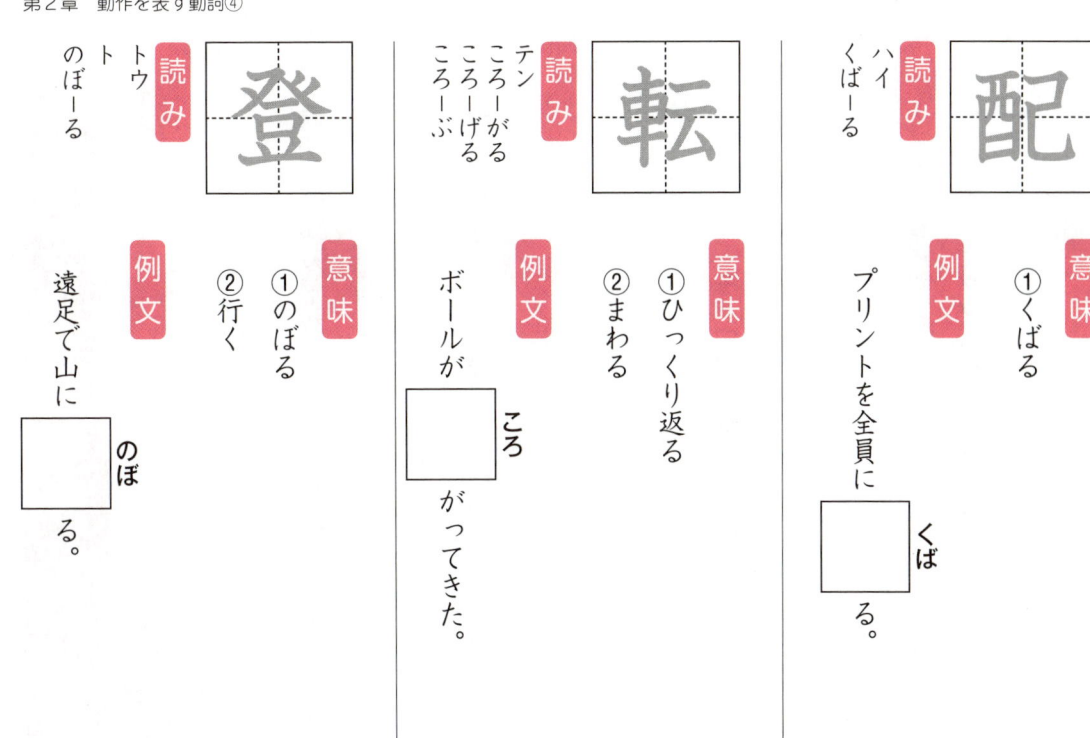

## 配

**読み**　ハイ／くばーる

**意味**　①くばる

**例文**　プリントを全員に□くばる。

## 転

**読み**　テン／ころーがる／ころーげる／ころーぶ

**意味**　①ひっくり返る　②まわる

**例文**　ボールが□ころがってきた。

## 登

**読み**　トウ／のぼーる

**意味**　①のぼる　②行く

**例文**　遠足で山に□のぼる。

# STEP 2 文に合った熟語を選びましょう。

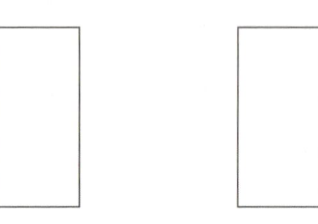

問　適切な熟語を選び、カタカナを漢字に直しなさい。

① 夏休みに一日だけ（　）する。
　キュウジツ　ゲコウ　トウコウ

② 新たな戦力を（　）する。
　トウシュ　キョウリョク　トウニュウ

③ テストの結果が（　）だ。
　マンパイ　シンパイ　ブンパイ

④ ぼくは（　）ずしに行きたい。
　カイトウ　カイテン　ハッテン

⑤ 好きな番組の（　）時間だ。
　ホウシュツ　ハッソウ　ホウソウ

⑥ 君は（　）の的だ。
　チュウイ　シュウシャ　チュウモク

⑦ 国王を国外に（　）した。
　ツイホウ　ツイトツ　ツイキュウ

# STEP 3 言葉のきまりを守って文を作りましょう

第2章 動作を表す動詞④

問 次の語句を並べかえて、一文を作りなさい。また、線の付いているカタカナは、漢字に直しなさい。

① 意気 た **トウゴウ** し は 二人

「たがいの気持ちや考えがぴったりあう」という意味の四字熟語ができあがるよ。

[　　]主語 [　　]述語 。

② を みんな た **ブンパイ** し で 利益

[　　][　　]目的語 [　　] [　　]述語 。

③ トザンの危険だ冬は □ □ 〔主語〕 □ 〔述語〕。

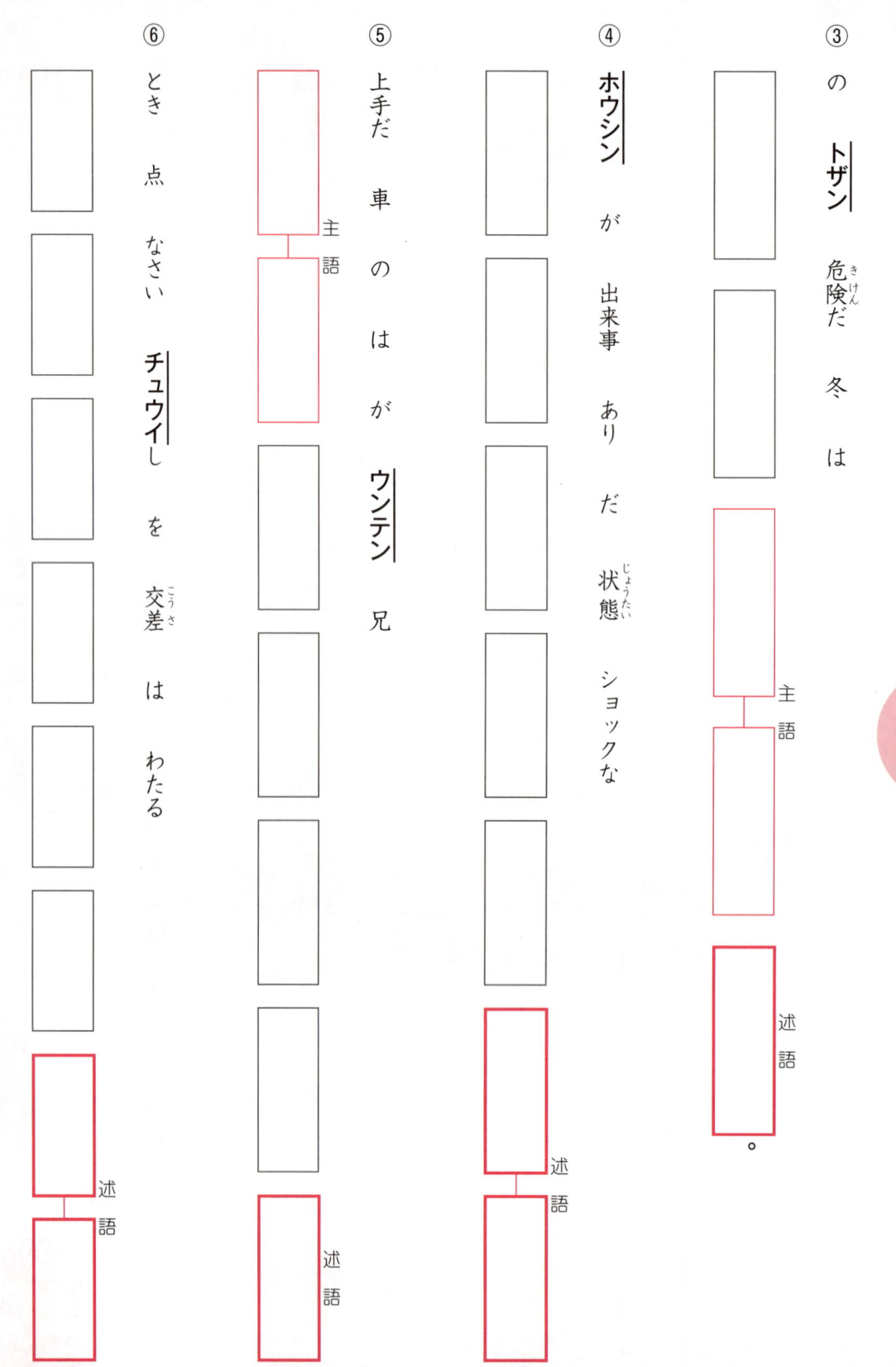

④ ホウシンが出来事ありだ状態ショックな □ □ 〔述語〕。

⑤ 上手だ車のはがウンテン兄 □ 〔主語〕 □ □ □ 〔述語〕。

⑥ とき点なさいチュウイしを交差はわたる □ □ □ □ □ 〔述語〕。

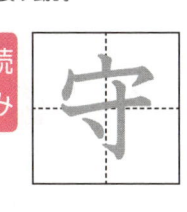

# 気持ちを表す動詞

守決助委受
定急問想

## STEP 1 漢字の意味を覚えましょう。

気持ちを表す漢字は、物語文などで重要な役割を果たします。どんな気持ちかつかみましょう。

---

### 守

**読み**
シュ
ス
＊まもーる
まもーり

**意味**
①まもる

**例文**
ぼくは約束を必ず｢まも｣る。

---

### 決

**読み**
ケツ
きーめる
きーまる

**意味**
①きめる

**例文**
学校でうさぎを飼うことに｢き｣まった。

---

### 助

**読み**
ジョ
たすーける
たすーかる
＊すけ

**意味**
①たすける

**例文**
けがをした小鳥を｢たす｣けた。

---

### 委

**読み**
イ
ゆだーねる

**意味**
①まかせる

**例文**
運命に身を｢ゆだ｣ねた。

## 受

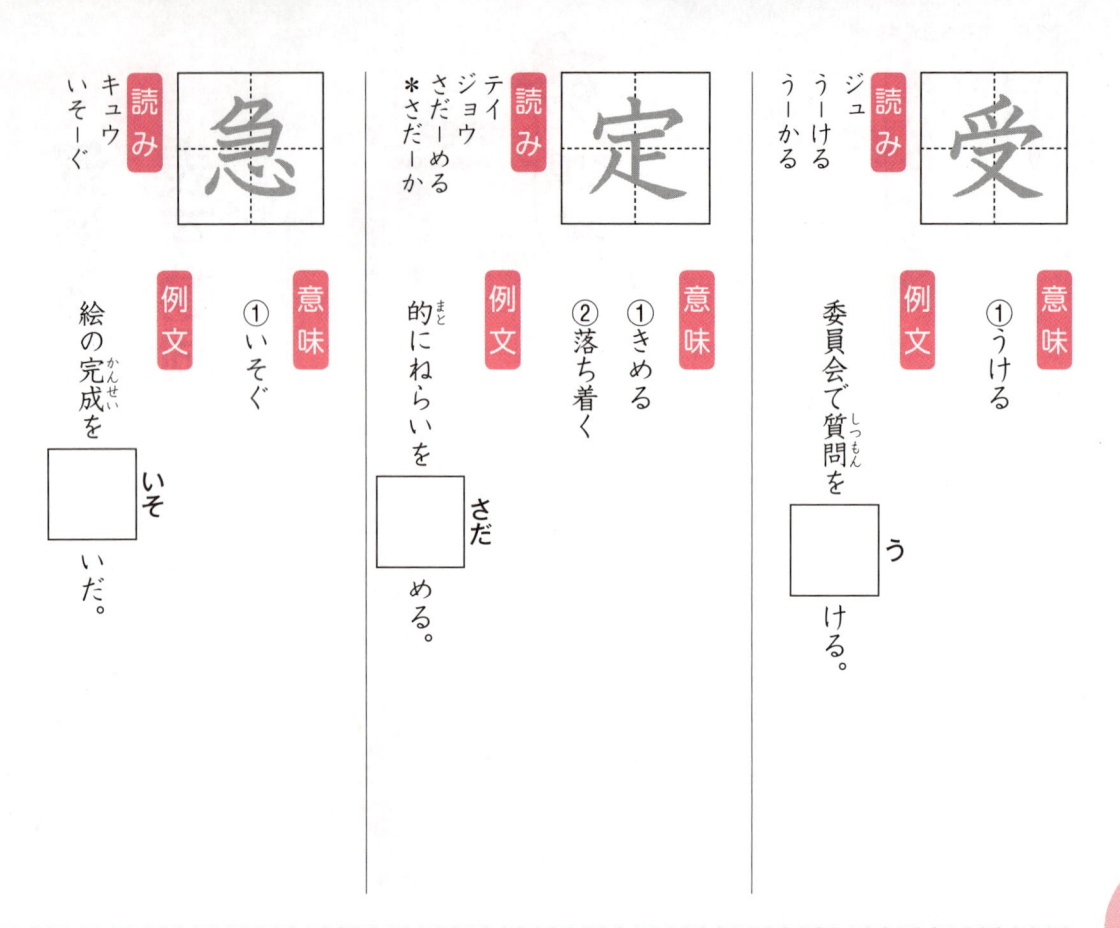

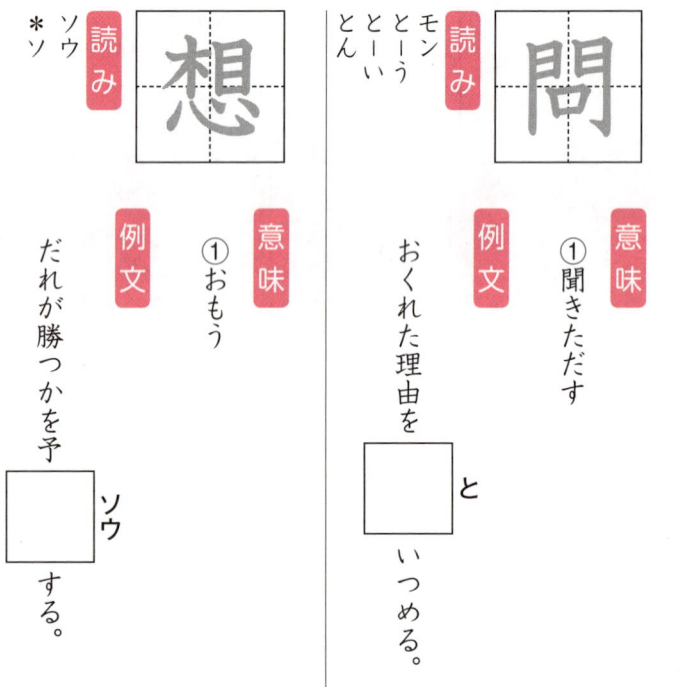

**読み**
ジュ
うける
うーかる

**意味**
①うける

**例文**
委員会で質問を□うける。

## 定

**読み**
テイ
ジョウ
さだーめる
*さだーか

**意味**
①きめる
②落ち着く

**例文**
的にねらいを□さだめる。

## 急

**読み**
キュウ
いそーぐ

**意味**
①いそぐ

**例文**
絵の完成を□いそいだ。

## 問

**読み**
モン
とーう
とーい
とん

**意味**
①聞きただす

**例文**
おくれた理由を□といつめる。

## 想

**読み**
ソウ
*ソ

**意味**
①おもう

**例文**
だれが勝つかを予□ソウする。

142

## STEP 2 文に合った熟語を選びましょう。

問 適切な熟語を選び、カタカナを漢字に直しなさい。

① ぼくは学級（　）になった。
　セイト　センセイ　イイン

② とつぜん（　）ができた。
　キュウビョウ　キュウショ　キュウヨウ

③ 選挙で児童会長が（　）した。
　ケッシン　ケツイ　ケッテイ

④ サッカーで、一点を最後まで（　）した。
　シシュ　センシュ　コシュ

⑤ 何事も（　）的な態度はよくない。
　ジュドウ　ジュシン　カンドウ

　人から言われてやるようすのことだよ。

⑥ ようかいは（　）から生まれたと、兄は言った。
　クウキ　クウソウ　リソウ

⑦ 最近の君の成績は（　）している。
　アンシン　シテイ　アンテイ

⑧ 友達として君に（　）する。
　ジョゲン　ソンチョウ　ジョチョウ

⑨ 大学は（　）をするところだ。
　センモン　チュウモン　ガクモン

# STEP 3 言葉のきまりを守って文を作りましょう。

問 次の語句を並べかえて、一文を作りなさい。また、線の付いているカタカナは、漢字に直しなさい。

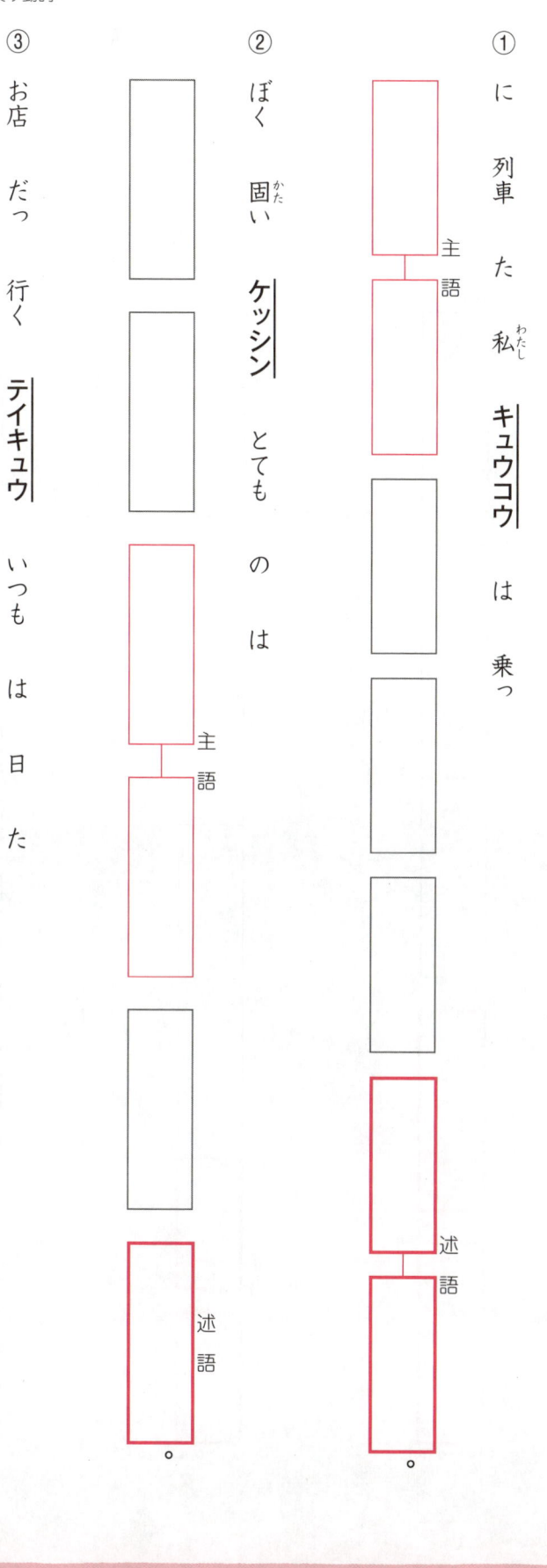

① に 列車 た 私(わたし) キュウコウ は 乗っ

[主語]□ □ □ [述語]□

② ぼく 固(かた)い ケッシン とても のは

□ □ [主語]□ □ [述語]□

③ お店 だっ 行く テイキュウ いつも は 日 た

□ □ [主語]□ □ □ [述語]□ □

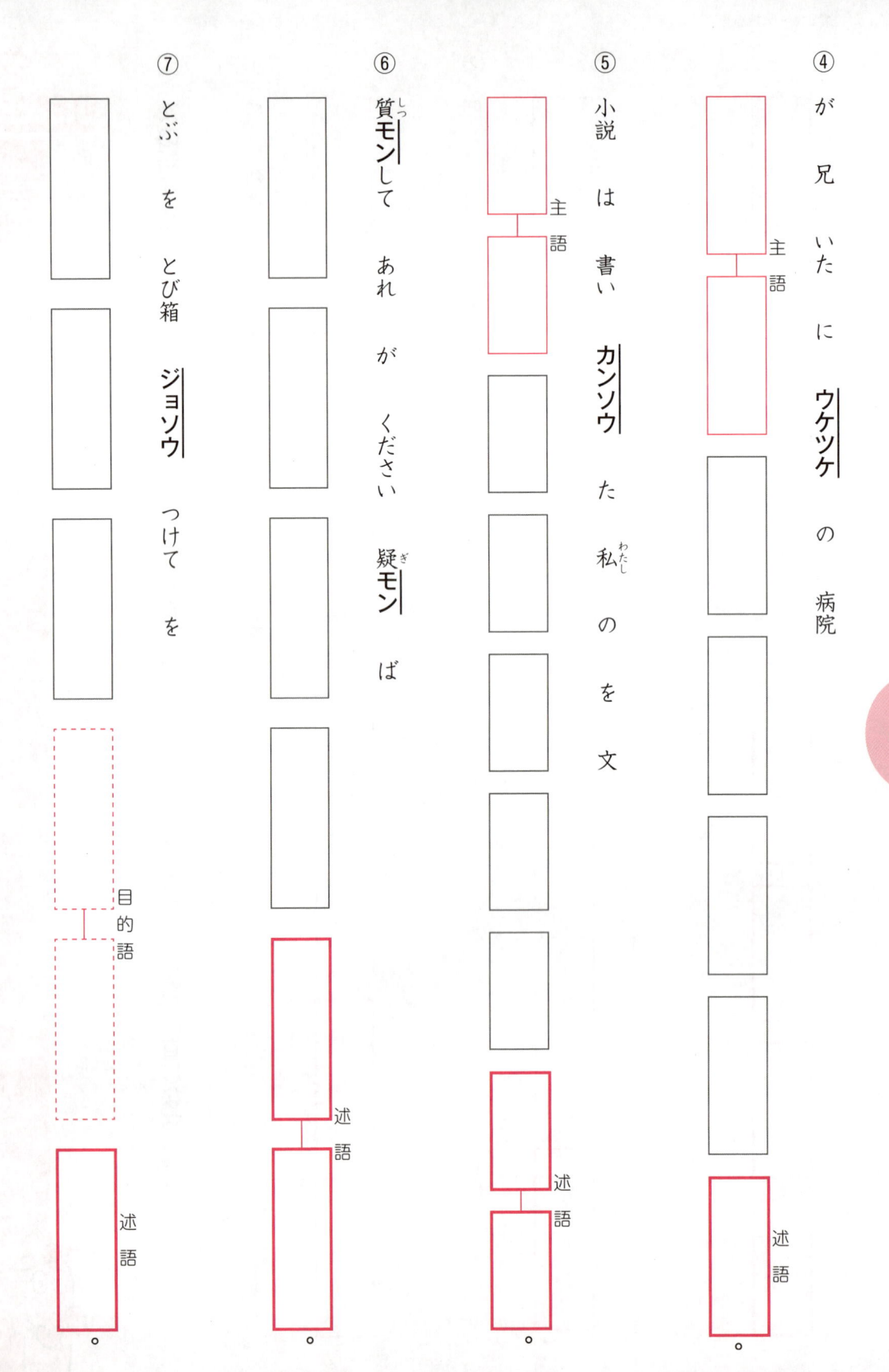

④ ［主語］が 兄 いたに **ウケツケ**の 病院［述語］。

⑤ ［主語］小説 は 書い **カンソウ**た 私のを 文［述語］。

⑥ ［主語］**質モン**してあれが ください 疑**モン**ば［述語］。

⑦ ［　］とぶ を とび箱 **ジョソウ** つけて を ［目的語］［述語］。

第2章 仕事や勉強に関わる動詞

# 仕事や勉強に関わる動詞

## STEP 1 漢字の意味を覚えましょう。

仕事や勉強に関わるどんな動作なのか、具体的にイメージをつかみましょう。

仕 勉 習 商 植 農 練 調

---

**仕**

読み：シ ＊ジ／つか−える

意味：①つかえる

例文：社長に□つかえる。

---

**勉**

読み：ベン

意味：①一生けんめいにはげむ

例文：夜おそくまで□ベン強した。

---

**習**

読み：シュウ／ならーう

意味：①ならう

例文：一年生からピアノを□ならっている。

---

**商**

読み：ショウ ＊あきなーう

意味：①品物を売り買いする

例文：祖母は□ショウ売をしてくらしている。

147

## 運

**読み**
ウン
はこーぶ

**意味**
① はこぶ
② めぐり合わせ
③ 動く

**例文**
船で車を□はこぶ。

## 植

**読み**
ショク
うーえる
うーわる

**意味**
① うえる

**例文**
校庭に桜（さくら）の木を□うえる。

## 農

**読み**
ノウ

**意味**
① 田や畑に作物をつくる

**例文**
友達（ともだち）の家はさくらんぼ□ノウ家だ。

---

## 練

**読み**
レン
ねーる

**意味**
① ねる
② きたえる

**例文**
何度も作戦（さくせん）を□ねり直す。

## 調

**読み**
チョウ
しらーべる
*ととのーう
*ととのーえる

**意味**
① しらべる
② ととのえる

**例文**
日本の人口を□しらべる。

148

## STEP 2 文に合った熟語を選びましょう。

問 適切な熟語を選び、カタカナを漢字に直しなさい。

① 君と六年間同じクラスになるとは（　）としか言いようがない。
ウンドウ　ウンメイ　ウンテン

② 君は（　）時間が足りない。
ガクモン　ガクセイ　ガクシュウ

③ 試合に負けた理由は（　）不足だ。
レンシュウ　レンゾク　レンアイ

④ 虫がつかないように畑に（　）をまいた。
ノウギョウ　ノウカ　ノウヤク

⑤ 父は（　）の手入れをした。
ジュエキ　ウエキ　カンキ

⑥ 今日は体の（　）がいい。
チョウシ　チョウセイ　ヒョウシ

⑦ 将来は好きな（　）につきたい。
シアイ　デキゴト　シゴト

⑧ 私の両親は（　）街で八百屋をしている。
ショウバイ　ショウギョウ　ショウテン

⑨ もっと（　）にはげみなさい。
ベンガク　シガク　テツガク

# STEP 3 言葉のきまりを守って文を作りましょう

問　次の語句を並べかえて、一文を作りなさい。また、線の付いているカタカナは、漢字に直しなさい。

① 園　来　は　た　**ショクブツ**　ぼく　に　行って

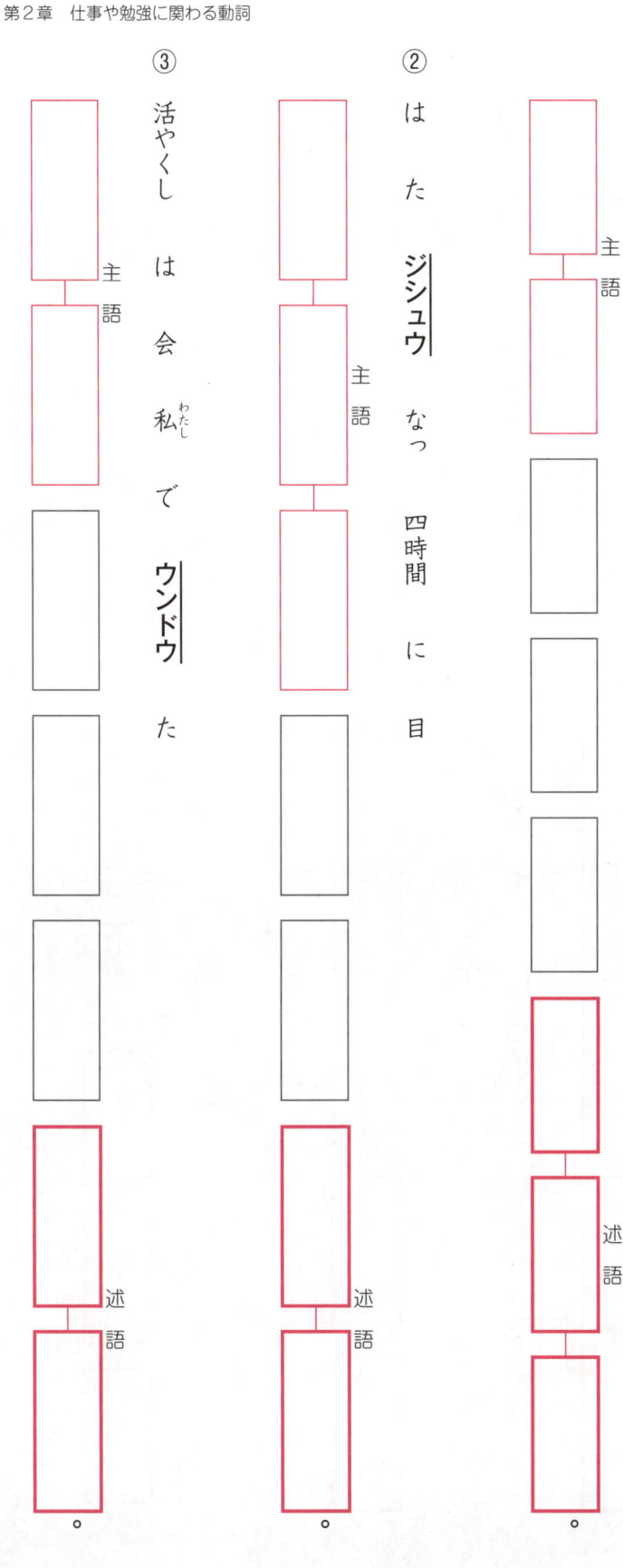

□ー□（主語）　□　□　□ー□（述語）

② は　た　**ジシュウ**　なっ　四時間　に　目

□ー□（主語）　□　□　□　□ー□（述語）

③ 活やくし　は　会　私(わたし)　で　**ウンドウ**　た

□ー□（主語）　□　□　□ー□（述語）。

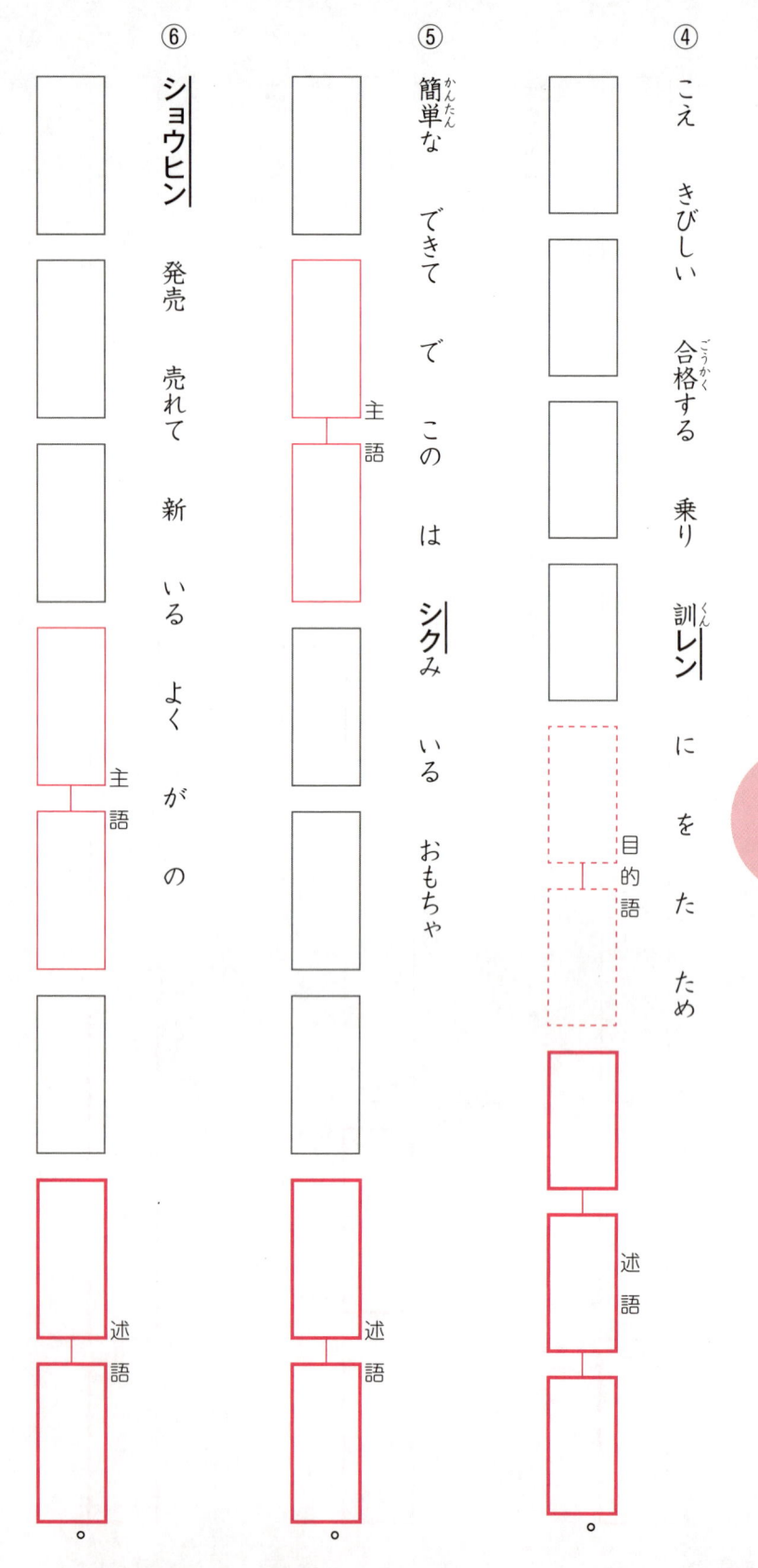

④ こえ きびしい 合格する 乗り 訓レン に を た ため 〔目的語〕 述語

⑤ 簡単な できて で この は シクみ いる おもちゃ 主語 述語

⑥ ショウヒン 発売 売れて 新 いる よく が の 主語 述語

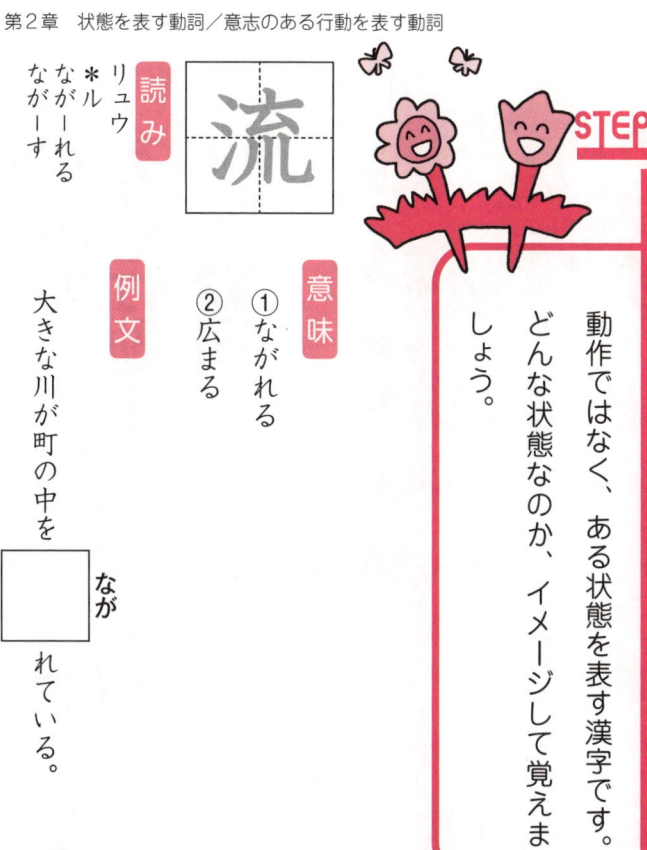

第2章　状態を表す動詞／意志のある行動を表す動詞

## 状態を表す動詞

STEP 1

漢字の意味を覚えましょう。

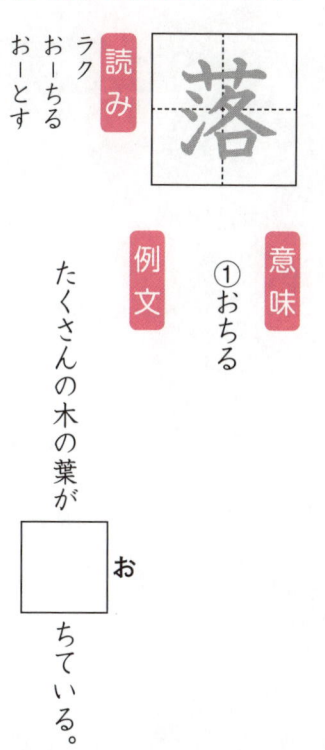

動作ではなく、ある状態を表す漢字です。どんな状態なのか、イメージして覚えましょう。

流　落

### 流

読み
リュウ
*ル
なが－れる
なが－す

意味
①ながれる
②広まる

例文
大きな川が町の中を□なが れている。

### 落

読み
ラク
お－ちる
お－とす

意味
①おちる

例文
たくさんの木の葉が□お ちている。

# 意志のある行動を表す動詞

## STEP 1

漢字の意味を覚えましょう。

こうしようと決めて行う動作を表しています。どんなことをしようとしているのかイメージしましょう。

反 究 研

### 反

**読み**
ハン
*ホン
そーる
そーらす

**意味**
① そる
② そむく
③ ぎゃく

**例文**
体を□そらしてのびをする。

### 究

**読み**
キュウ
*きわーめる

**意味**
① 深く調べる

**例文**
事故の原因を□キュウ明した。

### 研

**読み**
ケン
*とーぐ

**意味**
① みがく
② きわめる

**例文**
接客のしかたを□ケン修する。

154

## STEP 2 文に合った熟語を選びましょう。

問 適切な熟語（語）を選び、カタカナを漢字に直しなさい。

① 君の服は（　）おくれだ。
　　ヤコウ　リュウツウ　リュウコウ

② ぼくは将来（　）者になりたい。
　　ツイキュウ　ケンキュウ　ケンコウ

③ 彼はみんなから（　）を買った。
　　ハンタイ　ハンセイ　ハンカン

④ 日曜日に祖父と（　）を聞きに行った。
　　ラクゴ　ジュクゴ　ロンゴ

⑤ （　）極のせんたくをせまられた。
　　セッ　キュウ　リョウ

# STEP 3 言葉のきまりを守って文を作りましょう。

**問** 次の語句を並べかえて、一文を作りなさい。また、線の付いているカタカナは、漢字に直しなさい。

① 意見 は の ハンタイ クラス だ ぼく に

主語：□□　述語：□□

② かけた から テンラクし は がけ 私（わたし） あやうく がけ

主語：□□　述語：□□

③ 探（たん）キュウする の 生きる 意味 を こと

述語：□

# 第3章

## 形容詞とその他の意味を持つ漢字

# 形容詞になる漢字①

安 苦 重 美
速 悪 深 温

## STEP 1

漢字の意味を覚えましょう。

人、物、動きなど、いろいろなようすを表す漢字です。どんなようすかイメージしましょう。

### 安

**読み** アン／やすーい

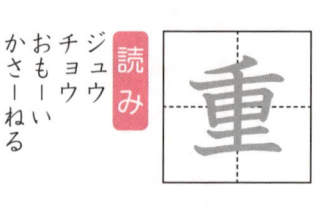

**意味**
①やすい
②やすらか

**例文** 今日は牛乳が □やす い。

### 苦

**読み** ク／くるーしい／くるーしむ／にがーい

**意味**
①くるしい
②にがい

**例文** 息ができなくて □くる しい。

### 重

**読み** ジュウ／チョウ／おもーい／かさーねる

**意味**
①おもい
②大切

**例文** 荷物を入れすぎてバッグが □おも い。

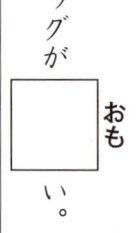

### 美

**読み** ビ／うつくーしい

**意味**
①うつくしい

**例文** フルートの □うつく しい音色が聞こえる。

158

第3章　形容詞になる漢字①

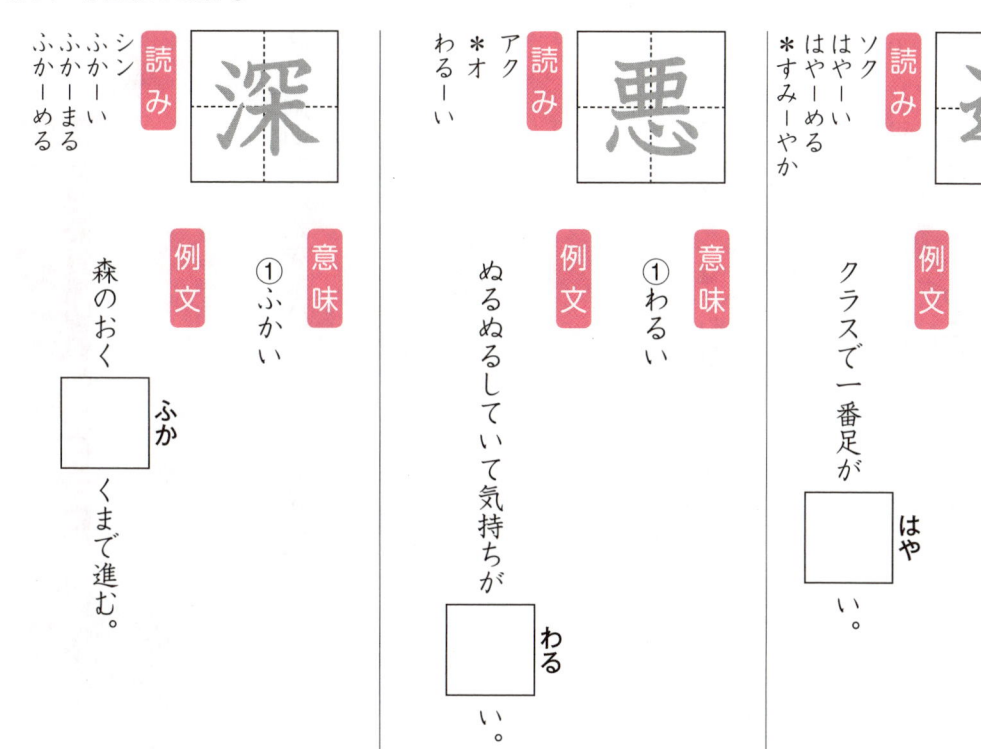

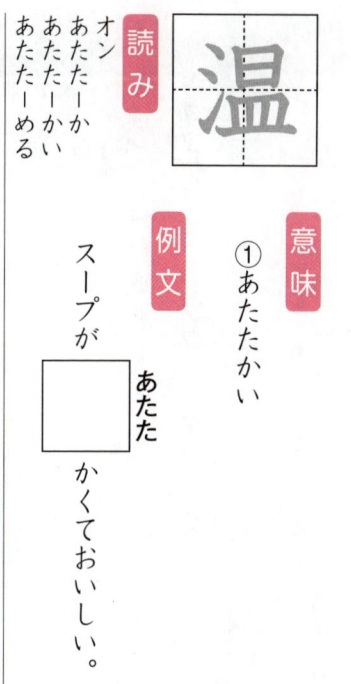

## 速

**読み**
ソク
はや-い
はや-める
*すみ-やか

**意味**
①動きがはやい

**例文**
クラスで一番足が□（はや）い。

## 悪

**読み**
アク
*オ
わる-い

**意味**
①わるい

**例文**
ぬるぬるしていて気持ちが□（わる）い。

## 深

**読み**
シン
ふか-い
ふか-まる
ふか-める

**意味**
①ふかい

**例文**
森のおく□（ふか）くまで進む。

## 温

**読み**
オン
あたた-か
あたた-かい
あたた-める

**意味**
①あたたかい

**例文**
スープが□（あたた）かくておいしい。

# STEP 2 文に合った熟語を選びましょう。

問 適切な熟語を選び、カタカナを漢字に直しなさい。

① ぼくの姉はこの町一番の（　）だ。
　ビチク　ビトク　ビジン

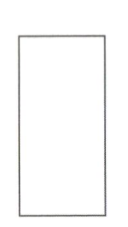

② （　）5メートルまですもぐりした。
　スイシン　セイシン　カイテイ

③ 水回りを（　）的にそうじした。
　ジュウヨウ　ジュウダイ　ジュウテン

④ （　）があったわけではない。
　ワルグチ　ワルギ　アクジ

⑤ 今日はよく晴れて（　）が高い。
　ホオン　キオン　シンオン

⑥ （　）買いの銭失い。
　ヤスモノ　キモノ　シナモノ

> ものが長持ちしなくて、けっきょくそんをするという意味のことわざだよ。

⑦ 君は（　）に成長している。
　キュウケイ　ジソク　キュウソク

第3章　形容詞になる漢字①

⑧ 私は君に（　）をていした。
クシン　イケン　クゲン

▶ ためになる注意の言葉を言ったんだね。

⑨ （　）な秘密を打ち明ける。
ジュウダイ　セイダイ　カンダイ

# STEP 3

## 言葉のきまりを守って文を作りましょう。

問 次の語句を並べかえて、一文を作りなさい。また、線の付いているカタカナは、漢字に直しなさい。

① スキー が 位置 **ジュウシン** は 大事だ の

　[　]─[　] 主語　[　] 述語 。

② 運転しなさい 気 つけて **ソクド** を に

　[　][　][　][　] 述語 。

③ が から もう 来た **アンシン**だ 先生

　[　][　][　][　][　] 述語 。

第3章　形容詞になる漢字①

④ さいばい トマト だ この オンシツ は　　［主語］　　［述語］。

⑤ これ だ の ぼく 作品 クシン は の　　［主語］　　［述語］。

＞ いろいろ考えて工夫したんだね。

⑥ は シンヤ 私 した まで を ゲーム　　［主語］　　［目的語］　　［述語］。

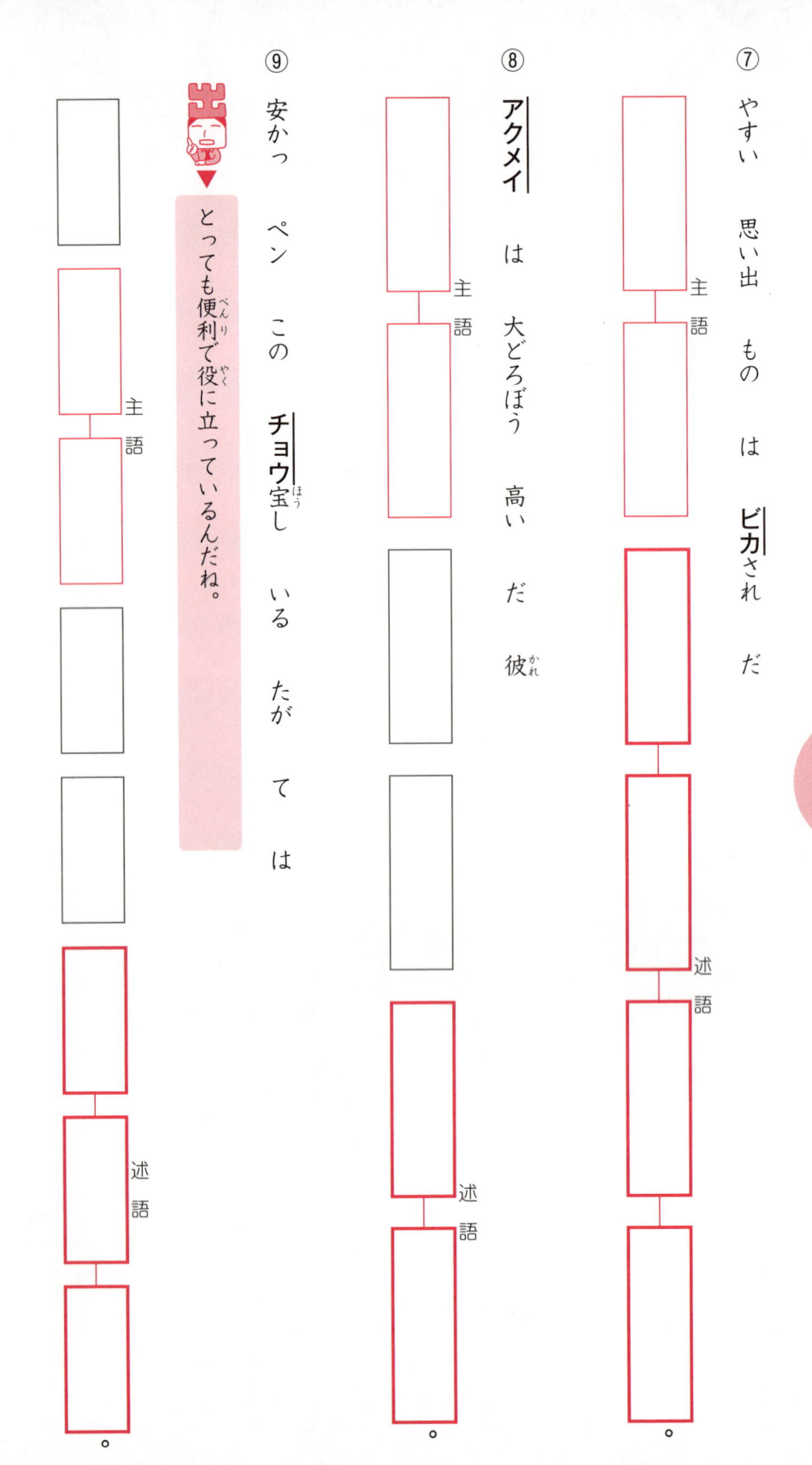

⑦ やすい 思い出 もの は ビカされ だ

⑧ アクメイ は 大どろぼう 高い だ 彼

⑨ 安かっ ペン この チョウ宝し いる たがっ ては

とっても便利で役に立っているんだね。

第3章 形容詞になる漢字②

# 形容詞になる漢字②

寒 軽 暑 短
等 悲 暗

## STEP 1

漢字の意味を覚えましょう。

人、物、動きなど、いろいろなようすを表す漢字です。どんなようすかイメージしましょう。

### 寒

**読み** カン／さむーい

**意味** ①さむい

**例文** 北海道の冬は[　]さむい。

### 軽

**読み** ケイ／かるーい／＊かろーやか

**意味** ①かるい

**例文** ぼくのランドセルは[　]かるい。

### 暑

**読み** ショ／あつーい

**意味** ①気温が高い

**例文** 今年の夏はとても[　]あつい。

### 短

**読み** タン／みじかーい

**意味** ①みじかい

**例文** かみの毛を[　]みじかく切った。

## 等

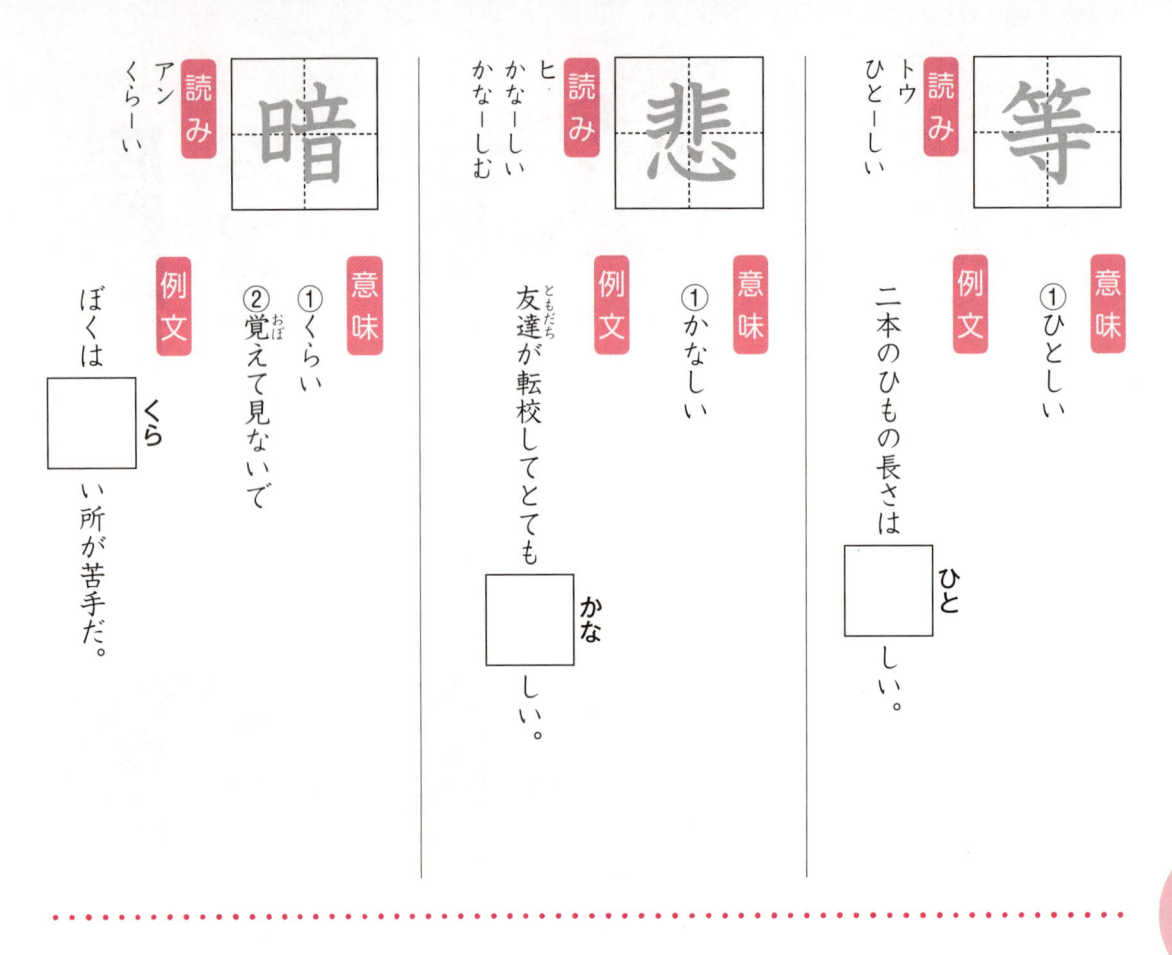

**読み**
トウ
ひと-しい

**意味**
①ひとしい

**例文**
二本のひもの長さは□ひとしい。

## 悲

**読み**
ヒ
かな-しい
かな-しむ

**意味**
①かなしい

**例文**
友達が転校してとても□かなしい。

## 暗

**読み**
アン
くら-い

**意味**
①くらい
②覚えて見ないで

**例文**
ぼくは□くらい所が苦手だ。

第3章　形容詞になる漢字②

## STEP 2 文に合った熟語を選びましょう。

問　適切な熟語（語）を選び、カタカナを漢字に直しなさい。

① 冬の（　）がやってきた。
　カンキ　テンキ　シキ

② （　）見まいを出した。
　カンショ　ショキ　ショチュウ

③ （　）な服装で旅行に行く。
　テガル　アシガル　ミガル

④ 虫を見て彼女は（　）をあげた。
　ヒツウ　ヒウン　ヒメイ

⑤ （　）期間で泳げるようになった。
　タン　ホン　カン

⑥ ぼくは人名の（　）が苦手だ。
　アンザン　ニッキ　アンキ

⑦ （　）なおかしをいただいた。
　ジョウトウ　キントウ　ビョウドウ

# STEP 3 言葉のきまりを守って文を作りましょう

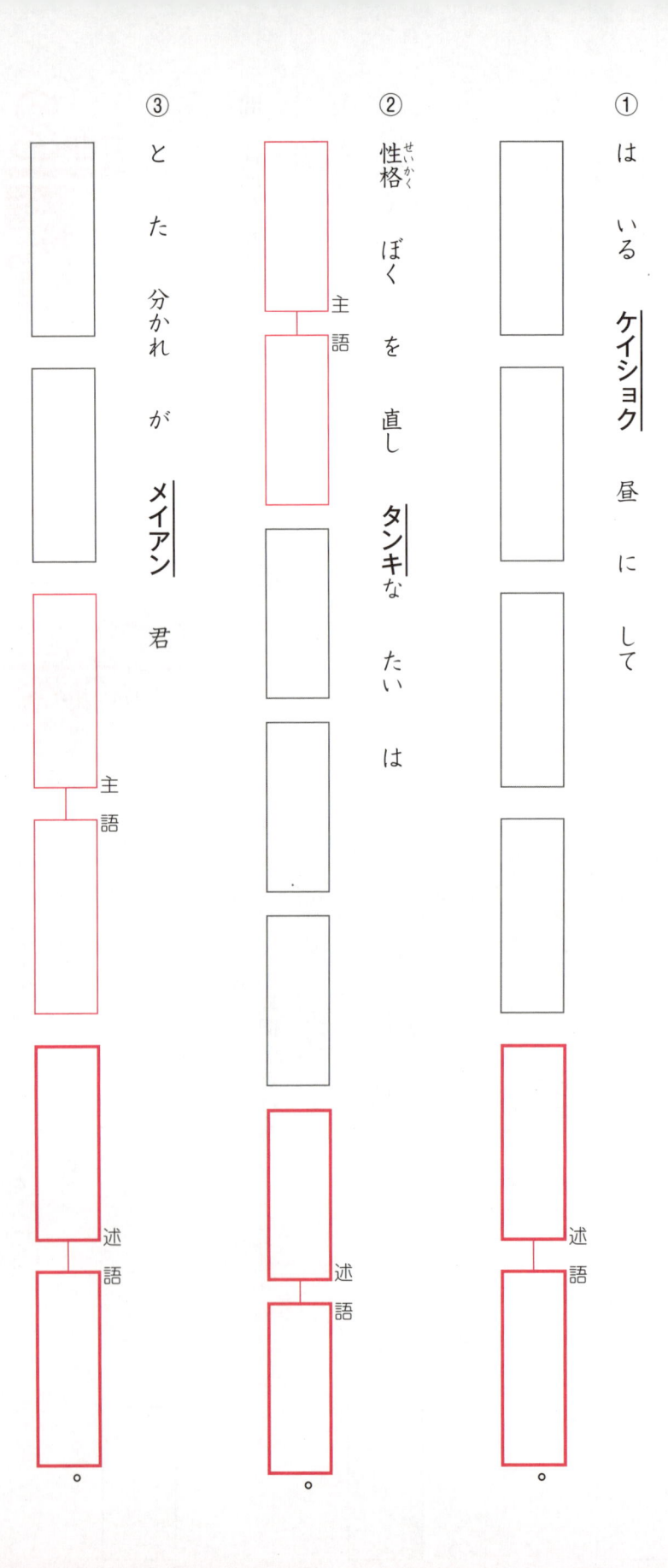

問 次の語句を並べかえて、一文を作りなさい。また、線の付いているカタカナは、漢字に直しなさい。

① **ケイショク** 昼 に して は いる

② 性格 ぼく を 直し **タンキ** な たい は

③ と た 分かれ が **メイアン** 君

第3章　形容詞になる漢字②

④ マラソン **サムゾラ** 行われ が た もと 大会 の ［主語］ ［述語］ 。

⑤ 人形 の た 買って を **トウシンダイ** もらっ ［述語］ 。

## 形容動詞になる漢字

平和昭

### STEP 1

漢字の意味を覚えましょう。

人、物、動きなど、いろいろなようすを表す漢字です。どんなようすかイメージしましょう。

---

**平**

読み
ヘイ
ビョウ
たいーら
ひら

意味
①たいら
②かたよらない

例文
地面を□たいらにならす。

---

**和**

読み
ワ
＊やわーらぐ
＊＊なごーむ
＊なごーやか

意味
①おだやか
②日本

例文
私は平□ワな世の中を望んでいる。

---

**昭**

読み
ショウ

意味
①あきらか

例文
祖母は□ショウ和の生まれだ。

# その他の漢字

予 全 相 第

## STEP 1 漢字の意味を覚えましょう。

名詞や動詞、形容詞・形容動詞をかざる漢字です。必ずそれらとつなげて考えましょう。

### 予

- 読み：ヨ
- 意味：①前もって
- 例文：なんだか悪い □ヨ 感がする。

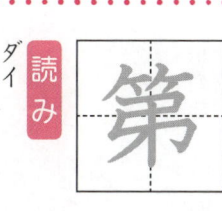

### 全

- 読み：ゼン／まったく／すべて
- 意味：①すべて
- 例文：夏休みの宿題は □すべ て終わった。

### 相

- 読み：ソウ／*ショウ／あい
- 意味：①たがいに ②形、ありさま
- 例文：犬のポチは妹の遊び □あい 手だ。

### 第

- 読み：ダイ
- 意味：①じゅんじょ
- 例文：健康が □ダイ 一だ。

## STEP 2 文に合った熟語を選びましょう。

問 適切な熟語を選び、カタカナを漢字に直しなさい。

① （　）が悪い男を見かけた。
ニンソウ　ギョウソウ　ヒンソウ

② 授業の前にはしっかりと（　）しなさい。
フクシュウ　ヨシュウ　ガクシュウ

③ 車の運転は（　）第一だ。
アンシン　アンテイ　アンゼン

④ 男女（　）でなければいけない。
ヘイジョウ　ヘイコウ　ビョウドウ

⑤ （　）の次は平成だ。
メイジ　タイショウ　ショウワ

⑥ 成功するかどうかは君（　）だ。
イガイ　シダイ　セダイ

⑦ 父はすしや天ぷらなどの（　）を好んで食べる。
シショク　ヤショク　ワショク

## STEP 3 言葉のきまりを守って文を作りましょう。

第3章　形容動詞になる漢字／その他の漢字

**問** 次の語句を並べかえて、一文を作りなさい。また、線の付いているカタカナは、漢字に直しなさい。

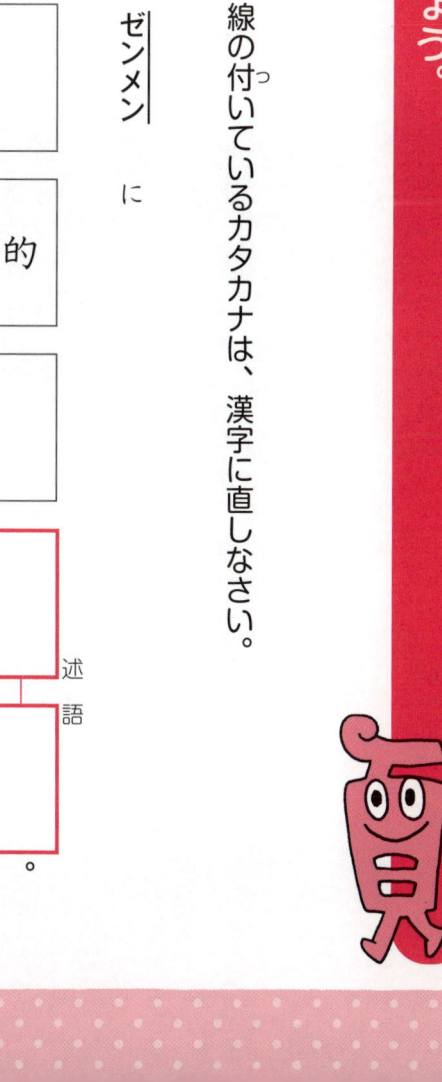

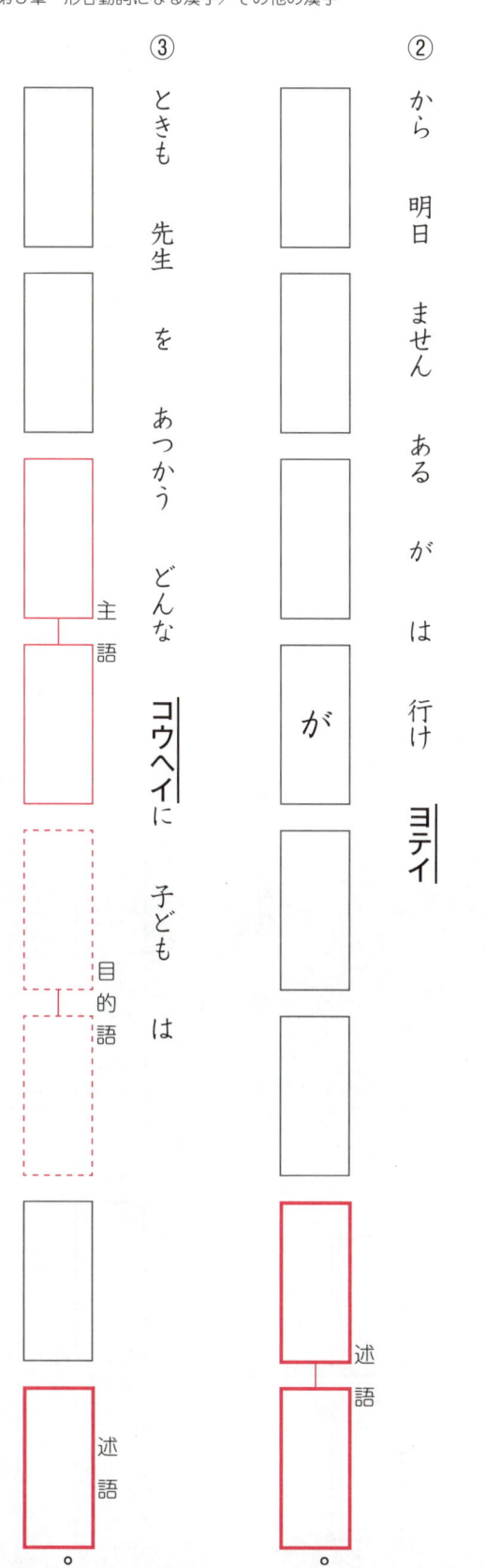

① 計画　よう　君　協力し　のに　的　ゼンメン　に

□□□□□□□□的□□□述語□。

② から　明日　ません　ある　が　は　行け　ヨテイ

□□□□が□□□□述語□。

③ とも　先生　を　あつかう　どんな　コウヘイ　に　子ども　は

□□□主語□目的語□述語□。

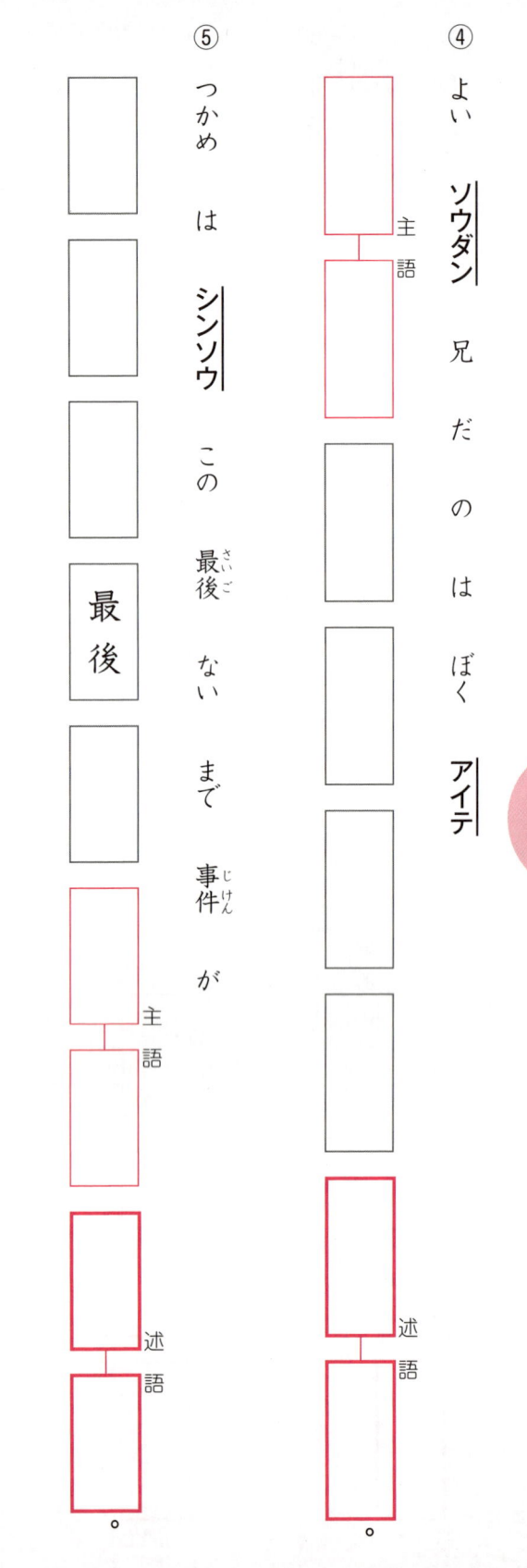

④ よい **ソウダン** 兄 だ の は ぼく **アイテ**

　主語 — 述語。

⑤ つかめ は **シンソウ** この 最後 ない まで 事件 が

　最後

　主語 — 述語。